アサギマダラとフジバカマ
（写真提供：「源氏藤袴会」代表・馬場備子氏）

2

子どもの文化
ライブラリー
よりよく生きる

# センス・オブ・ワンダーと いのちのレッスン

鵜野祐介

港の人

# 叢書「子どもの文化ライブラリー　よりよく生きる」刊行にあたって

一般財団法人　文民教育協会　子どもの文化研究所所長　片岡　輝

人は、今立っている場所から一歩先へ、今ある状態からよりよい状態を希求して、時には枝道にそれて途方に暮れ、時には分かれ道を選び間違えて、悔い、迷い、絶望の谷間から這い上がっては正しい道を探し求めて歩み続けてきた。よりよく生きようとして悟りを開いた人もある。地獄の辛酸を舐め尽くした人もある。平凡な人生を送った人の一生にも、よりよく生きようとする人の根源的な欲求がふつふつと沸き返っていたに違いない。けれども、歴史を顧みると、よりよく生きようとする個の願望が満たされた幸せな時代は稀で、体制順応を求める同調圧力の前にあっては、よりよく生きたいという意思を持つこと自体がタブー視され、「自己責任論」や「身の丈発言」など、いまなお、その後遺症が深い傷跡を残している。

子どもの文化研究所創立五〇周年にあたって、この叢書を、そうした過去の頸木を断ち切り、私たち自身がよりよく生き、子どもたちに「よりよく生きる」力を手渡すために、今なすべきことが何であるかを、読者と対話することを願って刊行する。

子どもと文化や子どもの成長発達について広く関心を持ちながら研究したり、子どもと関わったりしている方々からの原稿を広く募集します。編集顧問の片岡輝と、編集委員の鵜野祐介、加藤理の査読の後、採択の可否を決定しますが、関心のある方は子どもの文化研究所までお問い合わせください。

センス・オブ・ワンダーといのちのレッスン

目次

## 第二部　センス・オブ・ワンダーといのちのレッスン

# センス・オブ・ワンダーといのちのレッスン

# プロローグ

## 「センス・オブ・ワンダー」とはなにか

一九六五年、『センス・オブ・ワンダー』という一冊の本がアメリカで出版された。著者はアメリカのベストセラー作家で海洋生物学者でもあったレイチェル・カーソン。一九五六年「ウーマンズ・ホーム・コンパニオン」という雑誌に「あなたの子どもに驚異の目をみはらせよう」と題して掲載された文章をもとに、単行本として出版されたものである。出版前年の一九六四年四月、カーソンは癌のため五六歳の生涯を閉じたが、友人たちの力で原稿が整えられ、大自然や植物の写真を多数添えて出版された。

日本語版の翻訳を手がけたレイチェル・カーソン日本協会代表理事の上遠恵子は、この本について次のように解説している。

レイチェル・カーソンは、地球の素晴らしさは生命の輝きにあると信じていた。地球はあらゆる生命が織りなすネットワークで覆われている。その地球の美しさを感ずるのも、探求するのも、守るのも、そして破壊するのも人間なのである。

最後の作品となった『センス・オブ・ワンダー』には、彼女が日ごろから考えていた深い信念がすべて述べられており、私たちへの遺言となっている。

彼女は、破壊と荒廃へつき進む現代社会のあり方にブレーキをかけ、自然との共存という別の道を見いだす希望を、幼いものたちの感性のなかに期待している。『沈黙の春』が、いまなお鋭く環境汚染を告発しつづけているように、『センス・オブ・ワンダー』は、子どもたちに自然をどのように感じとらせたらよいか悩む人々へのおだやかで説得力のあるメッセージを送りつづけてくれるだろう。環境教育の必要性が叫ばれているいま、この本に託されたレイチェルの遺志は、多くの人の共感を得ると信じている。[注1]

日本語版では「神秘さや不思議さに目を見はる感性」と翻訳されている「センス・オブ・ワンダー」は子どもたちが持って生まれた能力であるとして、カーソンはこう指摘する。

> 子どもたちの世界は、いつも生き生きとして新鮮で美しく、驚きと感激にみちあふれています。残念なことに、わた《(ママ)》したちの多くは大人になるまえに澄みきった洞察力や、美しいもの、畏敬すべきものへの直感力をにぶらせ、あるときはまったく失ってしまいます。[注2]

それでは、「センス・オブ・ワンダー」というこの感性を、子どもたちが生涯にわたって保ち続けるために、私たち大人は何をすべきだろうか。

妖精の力にたよらないで、生まれつきそなわっている子どもの「センス・オブ・ワンダー」をいつも新鮮にたもちつづけるためには、わたしたちが住んでいる世界のよろこび、感激、神秘などを子どもといっしょに再発見し、感動を分かち合ってくれる大人が、すくなくともひとり、そばにいる必要があります。[注3]

「センス・オブ・ワンダー」という感性を子どもと一緒に分かち合える大人として、子どものそばにいることが何よりも大切だとカーソンは説くのだ。「わたしは、子どもにとっても、どのようにして子どもを教育すべきか頭を悩ませている親にとっても、『知る』ことは『感じる』ことの半分も重要ではないと固く信じています[注4]」。

けれども、ただ目の前の出来事に驚いたり感激したりしていればそれでいいのか。カーソンは言う。「さまざまな情緒や豊かな感受性は、知識や知恵を生み出す種子を育む肥沃な土壌」であり、「幼い子ども時代はこの土壌を耕すとき[注5]」だと。そうだとすれば、私たち大人は、この肥沃な土壌の上に蒔かれた種子から生長した知識や知恵についても学ぶ必要があるだろう。

カーソンは、この『センス・オブ・ワンダー』や生前に発表した数多くの文章を通して、そうした知識や知恵――前述した上遠の言葉を用いれば「破壊と荒廃へつき進む現代社会のあり方にブレーキをかけ、自然との共存という別の道を見いだす希望」について具体的に紹介している。この「別の道（もう一つの道）」について学ぶこともまた、「センス・オブ・ワンダー」とは何かを考えることにつながるに違いない。とりわけ東日本大震災と原発事故（「三・一一」）を体験し、また現在、新型コロナウィルス（「COVID－19」）によるパンデミックのただ中にある私たちにとって、「センス・オブ・ワンダー」の大切さやカーソンが提言した「もう一つの道」について学ぶことには大きな意味があると感じている。

## いのちのレッスン

「三・一一」も今回の「COVID－19」も、人間が想定していなかった自然の持つ圧倒的な力によって自らの生命の危機にさらされた／さらされている出来事と言える。これに対して今求められているのは、地震にせよ、放射能汚染にせよ、新型コロナウィルスにせよ、予測できず、目に見えない、制御することが極めて困難な相手を「敵」と見なし、これにどう立ち向かうか、打ち負かしていくかではなく、どうしのぎ、つき合っていけばよいのかという「交渉術」や「渡世法」を模索することではないか。そしてこの「交渉術」や「渡世法」のヒントが、「センス・オブ・ワンダー」をはじめとするカーソンの提言の中に示されているように思われる。

カーソンの提言をひとことで表せば、先ほども示した「自然との共存」という、今日ではすでに使い古され聞き飽きた感すら覚える言葉になる。だが彼女は、作家と科学者両方の能力を発揮して、人間が自然と共存するとはどういうことなのか、いのちとはなにかについて、分かりやすく生き生きと描いてみせた。また、彼女の思想や生き方に影響を受けた人びとや、彼女と同じような考え方を持つ人びとがさまざまな活動をおこない、自らの考えを表現してきた。こうしたカーソンをはじめとする先人たちの歩んできた道をたどり、これを次の世代と共有し伝えていくことを「いのちのレッスン」と呼ぶことにしたい。それから私たち一人ひとりが、それぞれの人生の中で生きることや死ぬことと向き合い、自問自答する体験を多かれ少なかれ持っているが、これもまた広い意味での「いのちのレッスン」と呼べるだろう。

## いのちの三相

ここで漢字を用いずに「いのち」と記すことにしたのは、生物学的な意味での「生命」に限定せず、次へと受け継がれていく限りないものとしてもこれをとらえてみたいと思うからだ。本書第11章で紹介する大瀬敏昭は、次のように述べている。

命は三つの側面でとらえることができると思う。一つが「個体としての命」である。個々の、あるいは一人ひとりの命である。これは「限りがある命」である。次が「種としての命」である。これは、人間として、種族として、あるいは家族としてリレーされる命である。

有限な命に対して「連続する命」と言っていいだろう。そして三つめに、「心としての命」、「魂としての命」である。有限な命、リレーされる命に対して、これは「無限な命」であり「永遠の命」と考えることができる。命についてこの三つの相がある。注6

これら三つの相をあわせ持ったものとして、本書では「いのち」と記すことにしたい。こうした「いのち」のとらえ方については本論の中でも詳しく紹介していく。

## 『センス・オブ・ワンダー』に描かれた「いのちのレッスン」

この本の冒頭に、カーソンが一歳八か月のロジャーと過ごした嵐の夜のことが紹介されている。彼女がロジャーとおこなった「いのちのレッスン」の様子がよくわかる。

ある秋の嵐の夜、わたしは一歳八か月になったばかりの甥のロジャーを毛布にくるんで、雨の降る暗闇のなかを海岸へおりていきました。

海辺には大きな波の音がとどろきわたり、白い波頭がさけび声をあげてはくずれ、波しぶきを投げつけてきます。わたしたちは、まっ暗な嵐の夜に、広大な海と陸との境界に立ちすくんでいたのです。そのとき、不思議なことにわたしたちは、心の底から湧きあがるよろこびに満たされて、一緒に笑い声をあげていました。

幼いロジャーにとっては、それが大洋《オケアノス》の神の感情のほとばしりにふれる最初の機会でしたが、わたしはといえば、生涯の大半を愛する海とともにすごしてきていました。にもかかわらず、広漠とした海がうなり声をあげている荒々しい夜、わたしたちは、背中がぞくぞくするような興奮をともにあじわったのです。(中略)

わたしたちは、嵐の日も、おだやかな日も、夜も昼も探検にでかけていきます。それは、なにかを教えるためにではなく、いっしょに楽しむためなのです。注7

## ぼくの「いのちのレッスン」体験

ここで、ぼく自身の「いのちのレッスン」の体験も紹介しておこう。一九六〇年代のはじめ、岡山県北部の山に囲まれた小さな町にぼくは生まれた。わが家は両親・祖母・二人の姉との六人家族だった。両親は小学校の教師だったが、兼業農家で米や野菜を作り、蜜蜂や鯉を飼い、鶏小屋で数羽の鶏を飼っていた。鶏の世話をしていたのは主に祖母だったが、時々ぼくや姉たちも餌や水をやったり、小屋の中の掃除をしたり、卵を取りに行ったりしていた。強烈な糞の臭いに鼻をつまみながら、藁の上に産み落とされたばかりの、まだ温かい卵を拾い上げる。お尻から出てきたはずなのに、滅多に糞はついていないし濡れてもいないのがとても不思議だった。

それから何度か、早朝にけたたましい鳴き声がして鶏小屋に駆けつけてみると、白い羽が飛び散り、鶏がいなくなっていることがあった。「イタチに襲われたんじゃろう」と父たちが話していた。板張りの小屋の横板とのわずかな隙間の地面に穴が開けられており、こんな狭い所を、鶏をくわえたままイタチはくぐり抜けていったのかと不思議でならなかった。

ある日のこと、卵を産まなくなった鶏を父が「絞める」のを見た。父が鶏の首のところを吊るすように持ち上げると、鶏は羽をばたつかせて激しく鳴き叫んだ。その首を鎌でスパンと切り落とすと、着地した首のない鶏はバタバタバタッと数メートル駆けていき、パタッと倒れた。それから父は脚の方を持ち、逆さまにして首のところから血を抜いた後、熱湯につけて毛をむしっていった。ねっとりと鼻腔にまとわりつくような血と肉の臭いがした。その日の夕食はおそらく鶏の水炊きだったはずだが、記憶に残っていない。憶えているのはただ、羽をばたつかせて駆けていった後、パタッと倒れた鶏の姿だ。いのちはパタッと閉じられるものだということを、その時ぼくは学んだ。

## 本書の目的と構成

本書は叢書「子どもの文化ライブラリー　よりよく生きる」の第二号となる。創刊号の「あとがき」に加藤理が記した「子どもの文化、教育、福祉を広く見渡しながら、それぞれの研究の〈間〉を重視した研究を行い、子どもという存在と、子どもがより善く生きていくということについて考えていくためのプラットホーム」[注8]となることを本書も目指している。

ぼく自身はこれまで、教育人類学の立場から子どもの伝承文化（わらべうた・民間説話・伝承遊びなど）や児童文学の研究をおこない、いのちやたましいの伝え方について考えてきた。その中で「センス・オブ・ワンダー」という言葉に出会い、カーソンの思想が大きなヒントを与えてくれることに気づくとともに、彼女と志を同じくする人びとが世界にも日本にも数多く存在し、今日もさまざまな活動が展開されていることに注目してきた。今回そうしたこれまでの自分自身の学びを一冊の本にまとめてみたいと思う。

本書は、幼い子どもとかかわる様々な職種の方がた（幼稚園・小学校の教師や保育士、プレイリーダー、図書館の児童図書担当者、カウンセラー・看護師など）や、これらを目指している大学生や専門学校生を主な読者に想定して書き下ろされたものである。

第一部「センス・オブ・ワンダーの系譜」では、カーソンの生涯、カーソンの思想を理解する上でのキーワードや、センス・オブ・ワンダーを生きた／生きる人びとの足跡を紹介する。次に、第二部「センス・オブ・ワンダーといのちのレッスン」では、今日、教育現場や家庭や地域社会でおこなわれているセンス・オブ・ワンダーを生かした実践を、七つの領域に分けて紹介する。最初から順番に読んでいただいてもいいし、おもしろそうなところからつまみ食いしていただいても構わない。

それでは開演の拍子木を鳴らすことにしよう。カチカチカチカチ……。

**注**

1 レイチェル・カーソン（上遠恵子訳）『センス・オブ・ワンダー』新潮社　一九九六年　五九 - 六〇ページ
2 同右　二三ページ
3 同右　二三 - 二四ページ
4 同右　二四ページ
5 同右　二四ページ
6 大瀬敏昭『輝け！　いのちの授業』小学館　二〇〇四年　三〇ページ
7 カーソン前掲　七 - 一〇ページ
8 加藤理『児童文学と教育の〈間〉　古田足日『宿題ひきうけ株式会社』から『おしいれのぼうけん』まで』港の人　二〇一九年　二一〇ページ
9 「教育人類学」の定義や歴史、学問的特性については、鵜野「子ども社会研究の課題と展望―教育人類学の視角から―」、日本子ども社会学会『子ども社会研究』第15号、二〇〇九年所収を参照されたい。

# 第一部　センス・オブ・ワンダーの系譜

# 第1章　レイチェル・カーソンの生涯

## 生い立ちと少女時代

レイチェル・ルイーズ・カーソンは、一九〇七年五月二七日、アメリカ合衆国ペンシルベニア州にある人口約二五〇〇人の田舎町スプリンデールに生まれた。両親、年の離れた姉・兄との五人家族だった。レイチェルは幼い頃から、母マリアと森や野原や小川のほとりを散歩し、自然の神秘と美しさに目を見はりながら過ごした。マリアは二〇世紀初頭のアメリカで繰り広げられた自然学習運動に関心をもち、「自然学習の手引き」というリーフレットを手に、幼いレイチェルと共に自然の中を観察しつつ歩いた。また読み聞かせもよくおこない、レイチェルは本を読んでもらうのが大好きだった。

小学校時代の彼女は、おとなしい控えめな少女だった。あまり丈夫ではなかったので学校は休みがちだったが、成績はいつもトップクラスだった。読書と作文を書くのが好きだったレイチェルは十一歳の時、児童雑誌『セント・ニコラス』に投稿した「雲の中の戦い」で銀賞を受賞した。その後も同誌に次々と投稿し、一年間に四作品も掲載された。

高校を首席で卒業したレイチェルは一九二五年秋、奨学金を得てペンシルベニア女子大学（現チャタム大学）に入学した。

## 人生の選択　作家か生物学者か

英文学を専攻し作家になるつもりで入学したレイチェルだが、二年生の時にメアリー・スキンカー教授の生物学の講義を受け、生物学へ急速にのめりこんでいく。生物学を選ぶか、それとも作家への道を歩むかと悩んでいた頃、テニスンの詩「ロックスレーホール」に出会う。激しい嵐で寮の窓を雨がたたきつける夜のことだった。

稲妻を抱きて吹く激しき風をのみこみ
雨　雹《ひょう》　炎も雪も　ロックスレーホールに降らば降れ
風が海へとうなりをあげて吹く
我　いざ漕ぎ出さん[注1]

この詩に、自分の運命は海とかかわりがあると直感したレイチェルは、大学三年から専攻を英文学から生物学へ変えた。スキンカー教授の下で野外実習やカメなどの水生動物の実験研究に没頭し、第二位優等賞を受けて大学を卒業する。そしてジョンズ・ホプキンス大学大学院に進学し、入学前の夏の八週間、「海洋生物学者のメッカ」と言われているウッズホール海洋生物研究所で初級研究者として実験研究をおこなう。「我いざ漕ぎ出さん」という内なる声に導かれた海との運命的な出会いがここに実現した。

## 大学院時代と公務員時代

一九二九年九月、ジョンズ・ホプキンス大学大学院での生活が始まった。この年、世界大恐慌が起こり、アメリカの経済状況も悪化していった。レイチェルの両親も土地を売り、借金を整理して、彼女の暮らすボルチモアに引っ越してきた。また、姉が離婚して二人の子どもたちを連れて帰ってきた。レイチェルは家族全員で住むことのできる家を借り、父親の収入だけでは暮らしていけなかったため、大学のサマースクールで教えたり実験助手などをしたりして家計を助けた。研究は遅れ、一年遅れで修士論文を提出した。

博士課程に進学するつもりだったが、父の急死により断念した。かつての恩師スキンカーの紹介で、商務省漁業局が企画する「水の中のロマンス」というラジオ番組の台本執筆のアルバイトをおこなう。番組は好評で、上司の勧めにより政府発行パンフレットの記事や雑誌・新聞への投稿原稿を執筆するようになる。

一九三六年、日曜版『サンデー・サン』に掲載された「ニシンの絶滅は間近」という署名入りの記事に、「ニシンの減少は、破壊的な漁法、産業廃水と生活排水による水質の汚染、さらに水力発電と航行船舶のための河川整備によるものである」と述べ、「この魚を守るためには、魚と漁師の両方が反映していくように配慮した規制を設けなければならない」と警告を発した。ここには後に出版される『沈黙の春』や『センス・オブ・ワンダー』の主題である自然との共生の思想が記されている。この年、公務員試験に合格し、漁業局に正式採用された。

漁業局ではチェサピーク湾に生息する魚の調査をするチームに配属され、現地調査をおこなうとともに、魚類保護について一般向けのパンフレットを書く業務に就く。漁業局の仕事に励む一方で執筆活動も継続して、エッセイ「海のなか」が全国誌『アトランティック・マンスリー』一九三七年九月号に掲載され、科学読み物作家として注目を集めた。

## ベストセラー作家に

一九四一年一一月、初めての単行本『潮風の下で』を出版。日中は漁業局の仕事に追われ、家事や二人の姪の世話の終わった後の深夜に執筆するなど、寸暇も惜しんで取り組んだ本だったが、出版の翌月七日、日本軍によるハワイの真珠湾攻撃で戦争がはじまり、人びとの関心が戦争に向けられたため、この本は注目されず二千部ほどしか売れなかった。

一九四五年八月、第二次世界大戦が終わり、翌年から国立野生生物保護区に関するパンフレット「自然保護の実際」シリーズの作成プロジェクトに二年半にわたって参加する。長い休暇が取れた時、アメリカ東海岸のカナダに隣接する、豊かな森林とリアス式の入り組んだ岩礁海岸のあるメイン州ブースベイに家を借りて、母と一緒にひと月を過ごした。レイチェルは後にこの地に小さなコテージを建てる。数年間、幼いロジャーと夏を過ごし、『センス・オブ・ワンダー』にも描かれた場所である。

一九四八年、魚類野生生物局の広報関係の責任者となったレイチェルは、新たな単行本の準備に取り掛かった。徹底した文献調査と、潜水体験や湿原探査などの取材に基づいて執筆されたこの本は、一九五一年七月『われらをめぐる海』として出版され、わずか四ヵ月で売り上げ部数が十万部に達するベストセラーとなった。また『潮風の下で』の版権を買い戻して再版すると、この本もベストセラーとなった。こうしてようやく経済的な安定を手に入れた彼女は一九五二年六月、魚類野生生物局を辞職し著作に専念することになった。

一九五五年、「海の三部作」の最後の作品となる『海辺』が出版された。海辺の生物についての科学的なガイドブックだけでなく文学的エッセイとしての性格を備えたこの本も前二書に続いてベストセラーとなり、大学婦人協会から功労賞を、また全米女性協議会からは年間最高傑作賞を授与されて、自然科学読み物作家として揺るぎない地位を確立した。

一九五六年、レイチェルは子どもにかかわる二つの仕事に携わった。一つは人気テレビ番組「オムニバス」の、雲についての台本の執筆で、八歳の子どもが「空について教えてくれる番組を作ってください」と番組宛に手紙を送ったことがきっかけだった。子どものために書くということに魅せられて依頼を受けた。もう一つが、女性雑誌『ウーマンズ・ホームコンパニオン』

に掲載したエッセイ「あなたの子どもに不思議さへの目を開かせよう」である。このエッセイは、メイン州の森を姪の息子ロジャーと一緒に歩き回った経験を元に書かれ、彼女の死の翌年（一九六五年）『センス・オブ・ワンダー』として出版された。

## 『沈黙の春』から「騒がしい夏」へ

一九世紀後半にオーストリアの化学者によって合成された有機塩素系化合物ＤＤＴは、一九三九年に殺虫作用が発見され、安価で大量に生産できる上、少量で効果があり効き目が長持ちするため、第二次大戦中、発疹チフスを媒介するシラミ、マラリアを媒介するハマダラカの駆除を目的として、戦場で大量に使われた。戦後は農業や園芸、家庭用殺虫剤として広く市販されるようになり、その危険性は早くから指摘されていたが、生産量も使用料も増え続け、街路樹につくマイマイガの毛虫の駆除、湿地帯から発生する蚊の駆除を目的として、ヘリコプターでのＤＤＴ空中散布がアメリカ全土でおこなわれた。

一九五八年、ＤＤＴの散布によって多数の鳥が死んでしまったことを知らせる友人からの手紙に胸を打たれたレイチェルは、この問題について執筆することを決意し、膨大な文献収集と情報収集に着手する。同年一二月に母マリアが亡くなり、また自身にも乳癌が発見され放射線照射を始めるなど大きな苦難に見舞われたが、これを乗り越え四年余りの歳月をかけて、一九六二年『沈黙の春』が完成した。題名はその第一章「明日のための寓話」における次の一節に因んでいる。

自然は、沈黙した。うす気味悪い。鳥たちは、どこへ行ってしまったのか。みんな不思議に思い、不吉な予感におびえた。裏庭の餌箱は、からっぽだった。ああ鳥がいた、と思っても、死にかけていた。ぶるぶるからだをふるわせ、飛ぶこともできなかった。春がきたが、沈黙の春だった。[注3]

この本は一般市民からは賛同の声で迎えられる一方、化学産業界から強烈な反対を受けて大論争を起こしたが、翌一九六三年五月にケネディ大統領の科学諮問委員会の科学技術特別委員会が出した報告書において、『沈黙の春』が果たした功績を評価し、農薬企業や農務省、食品医薬局を批判する内容が示され、一応の決着を見た。

こうして、『沈黙の春』は、単に農薬による環境汚染に警鐘を鳴らしたばかりでなく、人間の科学技術文明のあり方に、疑問を投げかけたのである。わたしたちは、『沈黙の春』によって環境汚染について、人間も自然の一員であること、そして自然との共生について考えることに気づかされたと言える。それが、二十世紀後半における最大の問題提起の書といわれ、「アメリカを変えた二五冊の本」のなかに収録されたゆえんでもあろう。[注4]

## オオカバマダラの旅立ち

自らの死期を悟った一九六三年九月のある朝、レイチェルはニューエイグンの岩礁海岸で友人とオオカバマダラの移動を目撃した。オオカバマダラは秋になるとメキシコやカリフォルニアの暖かい地方に移動することで知られ、「海を渡る蝶」とも言われている。その時の情景と感動をレイチェルは友人への手紙に次のようにしたためた。

……でも、とりわけ心に強く残ったのは、まるで見えない力に引き寄せられるように、西へ向かって一羽、また一羽とゆっくり飛んでいく、オオカバマダラの姿でした。私たちは、あの蝶たちの一生について話しましたね。彼らは戻ってきたでしょうか？　いいえ、あのとき二人で話したように、蝶たちにとって、それは生命の終わりへの旅立ちでした。（中略）

オオカバマダラの一生は、数か月という単位で定められています。人間の一生はまた別のもので、その長さは人によって様々です。ですけれど、考え方は同じです。歳月が自然の経過をたどったとき、生命の終わりを迎えるのはごくあたりまえで、けっして悲しいことではありません。

きらきら輝きながら飛んでいった小さな命が、そう教えてくれました。私はそのことに深い幸福を感じました――あなたも同じように思ってくださるよう願っています。今朝は、本

当にありがとう。[注5]

レイチェル・カーソンは一九六四年四月一四日、シルバースプリングの自宅で五六歳の生涯を閉じた。遺灰の半分は母マリアの眠るワシントンの公園墓地に埋葬され、半分はオオカバマダラの飛翔を見たニューエイグンの岩礁海岸から、彼女が愛した海に返されたという。

**注**

1 上遠恵子『レイチェル・カーソン　いまに生きる言葉』翔泳社　二〇一四年　三八‐三九ページ
2 同右　五〇ページ
3 レイチェル・カーソン（青樹簗一訳）『沈黙の春』二〇〇一年　新潮社　一八ページ
4 上遠前掲　一五二‐一五三ページ
5 リンダ・リア編（古草秀子訳）『失われた森　レイチェル・カーソン遺稿集』集英社　二〇〇〇年　二七六ページ

# 第2章　センス・オブ・ワンダーを深く知るための七つのキーワード

前章ではレイチェル・カーソンの生涯をたどりながら、『センス・オブ・ワンダー』に至る彼女の著作がどのような背景の下に執筆されたのかを確認した。彼女がこの一冊に込めた想いを深く知るためには、その土台となった理念や思想を押さえておくことが重要となる。本章では七つのキーワードに絞り込んで、彼女の言葉を用いながら解説してみたい。

## いのちへの畏敬

カーソンの思想について語ろうとする時、まず思い浮かぶのが〈いのちへの畏敬〉という言葉である。前章で見たように、彼女は幼い頃、母マリアと一緒に家の周りの野原や森を歩き、草花や虫たちや野鳥たちを観察した。

独身時代に教師をしていたマリアは、二〇世紀初頭にベイリーやコムストックによって提唱された自然学習運動に共感を寄せていた。「コムストックによれば、自然を学ぶことは、子どもに想像力、心理に対する感受性、それを表現する能力を芽生えさせること」であり、最も重要なのは「美しいものを愛する心」や「自然の持つ生命との一体感、自然に対する変わらぬ愛」を育てるということであった。「自然学習運動は、自然を学ぶことによって創造主の複雑な意図が明らかになるという自然神学の考え方を信奉し、自然とは聖なるものである、と教えた」。ワシントン女子神学校を卒業し、敬虔なクリスチャンだったマリアはこの考えに共鳴し、三人の子どもたちに実践した。その結果、「一人一人の子どもの心のなかに、母親の野生の生きものに対する愛と敬意が深く印象づけられていった」。そしてこの〈いのちへの畏敬〉を、少なくとも一番下の娘レイチェルは信奉し、自らの生涯を通じて実践したと、カーソンの伝記を編んだリアは見ている。[注1]

ところで、〈いのちへの畏敬〉を座右の銘として生きた先達に、次の章で紹介するシュヴァイツァーがいる。神学者であり、音楽家であり、アフリカの原生林で医師として献身したシュヴァイツァーは次のように述べる。「ほんとうの倫理的人間にとっては、人間の立場から見て低級と思われるものをも含めて、すべての生命が神聖である」[注2]。このようなシュヴァイツァーの思想は一九二〇年代から三〇年代にかけてアメリカにも紹介された。これが、母マリアが幼いレイチェルの心に蒔いた〈いのちへの畏敬〉という種を発芽させ、やがて太い幹へと育て上げる培養土となったことは疑いない。

「生態学（エコロジー）」という言葉は、ギリシャ語のオイコス（家族とその世帯のきりもりを意味した）を語源として、ドイツのヘッケルが『一般形態学』（一八六六年）の中で初めて用いたとされる。以来、数多くの学者が様々な意味を込めてこの言葉を用いているが、カーソンの場合はどうだろうか。まずは『沈黙の春』（一九六二年）の一節。

ミシガン州のコマドリ、ミラミッチ川のサケと同じように、これは私たちすべてにとって生態学的問題である。相関関係とか、相互依存関係の問題なのである。川のなかのトビケラを殺そうと毒をまく。すると川をのぼってくるサケは数が減り、やがて死滅してしまう。湖水のヌカカやブユを殺そうと毒をまく。すると、食物連鎖のために、やがて湖畔の鳥が犠牲になる。ニレの木に殺虫剤を撒布する。また春がめぐってきてもコマドリの鳴き声はしない。私たちがじかに毒をふりかけたのではなく、ニレの葉—ミミズ—コマドリと、毒が輪から輪へとひろがっていったのだ。どれもはっきりとこの目で観察できることだ。それこそまさに、生命（むしろ死か）のおりなす複雑な織物にほかならず、生態学の領域はここにある。[注3]

「生態学」は「相関関係」「相互依存関係」そして「生命のおりなす複雑な織物」の学と言い換えられている。「複雑な織物」という比喩は同書の出版より九年前に発表された論文「海辺」にも次のように見られ、「生態学」の持つ〈生命の織物〉イメージが描写されている。

ここ数年間、私は海辺の生態学、すなわち岩石海岸や砂浜、低湿地、干潟、サンゴ礁、マングローブ湿地などの、動植物の生態について研究をつづけてきました。動物と動物、動物と植物、そして動植物と周囲の自然界との関係について考えてきたのです。(中略)そこには独自に完結している要素は何ひとつなく、単独で意味を持つ要素もありません。一つひとつが、複雑に織りあげられた全体構造の一部なのです。[注4]

## 大きな力

この複雑な織物を織りあげている主体は誰/何だろうか。『センス・オブ・ワンダー』の中でカーソンは次のように記す。「わたしは、彼らの長い旅路の孤独を思い、自分の意志ではどうにもならない大きな力に支配され導かれている鳥たちに、たまらないいとおしさを感じます[注5]」。別の箇所では「人間を超えた存在[注6]」とも言い換えられるこの「大きな力」とは、人格を持つ唯一神を戴くキリスト教とは異なる「汎神論」の流れを汲むものと思われる。

「汎神論」とは「万物(すべての出来事)が、そのまま神であり、神の現象であり、万有のほかに神はないという思想[注7]」で、一七世紀のユダヤ系オランダ人哲学者スピノザが最初の提唱者とされる。以来、一八世紀イギリスの哲学者モアが「世界霊魂(Anima Mundi)[注8]」と呼び、一八世紀末にイギリスの詩人ワーズワスが「万物の中を流れる一つの動き、一つの魂[注9]」と歌い、二〇世紀前半にはフランスの哲学者ベルグソンが「大いなる創造力の流れ」と呼び、またイギリスの哲学者ホワイトヘッドが「直接的な事物の過ぎゆく流れの、かなたに、背後に、そして内部に存在している何物か」[注10]と表現した、ヨーロッパの精神世界に長い伝統を持つ考え方である。

一方それは、中国における道教の思想や、日本の天台密教における「山川草木悉皆成仏」すなわち森羅万象に仏性(神)が宿るという考え方にも近似する。金子みすゞの童謡「蜂と神さま」を思い浮かべてもよい。

蜂はお花のなかに、
お花はお庭のなかに、
お庭は土塀のなかに、
土塀は町のなかに、
町は日本のなかに、
日本は世界のなかに、
世界は神さまのなかに。
さうして、さうして、神さまは、
小ちやな蜂のなかに。[注11]

カーソンの「センス・オブ・ワンダー」が洋の東西を越え時代を超えて人びとの心に訴えかける理由の一つは、こうした〈大きな力〉の存在の普遍性にあるのではなかろうか。

## 未来に対する責任

『センス・オブ・ワンダー』の中でカーソンは、子どものそばにいる大人が「あなた自身の感受性にみがきをかける」こと、「しばらくつかっていなかった感覚の回路をひらくこと、つまり、あなたの目、耳、鼻、指先のつかいかたをもう一度学び直すこと」[注12]の大切さを説く。それは「いま見ているものがもつ意味に思いをめぐらし、驚嘆することもできる」[注13]という、大人自身の心豊かな生活に役立つという効用を説いたとも言えるが、そこにはまた、一緒にいる子どもと驚嘆できるようなこの自然を、次の世代に残し伝えていくことの重要性に気づいてほしいという「世代間倫理」の問題、すなわち〈未来に対する責任〉の意味合いも込められているように思う。

私たちが住む世界に汚染を持ちこむという、こうした問題の根底には道義的責任——自分の世代ばかりでなく、未来の世代に対しても責任を持つこと——についての問いがあります。当然ながら、私たちは今現在生きている人々の肉体的被害について考えます。ですが、まだ生まれていない世代にとっての脅威は、さらにはかりしれないほど大きいのです。彼らは現代の私たちがくだす決断にまったく意見をさしはさめないのですから、私たちに課せられた

責任はきわめて重大です。[注14]

土壌、水、野生生物、そしてさらには人間そのものに、こうした化学薬品がどういう影響をあたえるのか、ほとんど調べもしないで、化学薬品を使わせたのだった。これから生まれてくる子供《ママ》たち、そのまた子供たちは、何と言うだろうか。生命の支柱である自然の世界の安全を私たちが十分守らなかったことを、大目に見ることはないだろう。[注15]

カーソンのこの「予言」に、スウェーデンの環境問題活動家の少女グレタ・トゥーンベリさんの鋭い眼差しを思い浮かべる読者も多いに違いない。[注16]『沈黙の春』が出版されてから六〇年の間、私たち大人はいったい何をしてきたのだろう。

## 地球は人間だけのものか

人間は自然を支配し征服することができるという発想は、神と人間とそれ以外の被造物（動植物）との間に明確な境界線を引く自然観を持つキリスト教の中に既に見られるが、一六～一七世紀イギリスの哲学者ベーコンによって以下のように宣言され、近代的自然観の典型として大きな影響力を持った。「あらゆる事物に影響力を及ぼすことが可能となるまで、人間の支配領域を拡大する」、「世界は人間のために作られたのであり、世界のために人間が作られたのではない」[注17]。

このような人間中心主義的自然観に対して、人間もまた生命の織物の一部と見るカーソンは次のように警鐘を鳴らす。

私たちは虚栄心や欲望や目先の問題にとらわれて、まず第一に人間に目を向けてきました。そして、人間よりずっと長い歴史を持つ地球や、その地球でさえほんの一部分にしかすぎない宇宙へはなかなか目を向けようとせず、ようやく向けたにしても、まずは人間第一の、偏見に満ちた視点から見てきたのです。[注18]

私たちの住んでいる地球は自分たち人間だけのものではない……。（中略）《自然の征服》――これは、人間が得意になって考え出した勝手な文句にすぎない。生物学、哲学のいわゆるネアンデルタール時代にできた言葉だ。自然は、人間の生活に役立つために存在する、などと思いあがっていたのだ。…おそろしい武器を考え出してはその鋒先を昆虫に向けていたが、それは、ほかならぬ私たち人間の住む地球そのものに向けられていたのだ。[注19]

このようにして、「自然の征服」という人間中心主義的自然観から「自然との共生」という新時代の自然観へと発想を転換し、〈もう一つの道〉を選択するようカーソンは強く迫る。

### もう一つの道

私たちは、いまや分れ道にいる。（中略）長いあいだ旅をしてきた道は、すばらしい高速道路で、すごいスピードに酔うこともできるが、私たちはだまされているのだ。その行きつく先は、禍いであり破滅だ。もう一つの道は、あまり《人も行かない》が、この分れ道を行くときにこそ、私たちの住んでいるこの地球の安全を守れる、最後の、唯一のチャンスがあるといえよう。[注20]

〈もう一つの道〉とは、生物学的防除学（例えば天敵の利用）をはじめとする、即効性には欠けるが「環境に優しい」方法を模索していくことであり、その思想的基盤として、経済優先ではなく、環境や生命の安全を優先し、「生命という大地に軸足をおいて選択する」[注21]ということである。ここには「持続可能な社会の実現」という今日的課題が先取りされている。

### ふしぎがり

このような選択を実行できるのは禁欲的なモラリストだけであり、息が詰まりそうだと感じられるかもしれない。だが、『センス・オブ・ワンダー』を一読されると、カーソンが求めているのは決してそんな生き方ではないことが分かる。同書の最後に彼女は、スウェーデンの海洋学者ペテルソンの晩年の言葉を紹介する。「死に臨んだとき、わたしの最後の瞬間を支えてくれるものは、この先になにがあるのかというかぎりない好奇心だろうね」。

二〇一四年に一〇四歳の天寿を全うした詩人まど・みちおは百歳を迎えた時、自分のことを〈ふしぎがり〉と呼んだ。[注22] 自分の目に映るいろいろなものごとに対して「不思議」や「神秘」を感じ、驚き、その謎を解こうと好奇心を燃やす気質（生き方）を指している。カーソンもまた〈ふしぎがり〉の人生を送ったのではないか。前章の最後に引用した、亡くなる半年前に目撃した海を渡るオオカバマダラへの賛嘆は、その何よりの証拠だろう。『センス・オブ・ワンダー』の最後に記された次のメッセージもまた……。

> 自然にふれるという終わりのないよろこびは、けっして科学者だけのものではありません。大地と海と空、そして、そこに住む驚きに満ちた生命の輝きのもとに身をおくすべての人が手に入れられるものなのです。[注23]

**注**

1　リンダ・リア（上遠恵子訳）『レイチェル　レイチェル・カーソン『沈黙の春』の生涯』東京書籍　二〇〇二年　二八-二九ページ

2　レイチェル・カーソン（青樹簗一訳）『沈黙の春』新

潮社　二〇〇一年　三八三ページ
3　同右　二一二ページ
4　リンダ・リア編（古草秀子訳）『失われた森　レイチェル・カーソン遺稿集』集英社　二〇〇〇年　一五二ページ
5　レイチェル・カーソン（上遠恵子訳）『センス・オブ・ワンダー』新潮社　一九九六年　四四ページ
6　同右　五〇ページ
7　『キリスト教大事典』教文館　一九六三年、改訂新版一九九五年　八五六ページ
8　ドナルド・オースター（中山茂他訳）『ネイチャーズ・エコノミー　エコロジー思想史』リブロポート一九八九年　六五ページ
9　ウィリアム・ワーズワス「ティンターン修道院」より。原田俊孝『ワーズワスの自然神秘思想』南雲堂一九九七年　二四ページ
10　オースター前掲　三九〇ページ
11　『新装版　金子みすゞ童謡全集・II空のかあさま』JULA出版局　一九八四年　一〇ページ
12　『センス・オブ・ワンダー』二八ページ
13　同右　三一ページ
14　リア前掲　二七一ページ
15　『沈黙の春』三〇ページ
16　グレタさんについて、ヴァレインティナ・キャメリニ（杉田七重訳）『グレタのねがい　地球をまもり未来に生きる』西村書店　二〇二〇年を参照のこと。
17　オースター前掲　五二ページ
18　リア前掲　一〇八ページ
19　『沈黙の春』三二四-三二五ページ
20　同右　三〇四ページ
21　上遠恵子『レイチェル・カーソン　いまに生きる言葉』翔泳社　二〇一四年　一一二ページ
22　『NHKスペシャル　ふしぎがり〜まど・みちお百歳の詩』（二〇一〇年一月三日放映）より。
23　『センス・オブ・ワンダー』五四ページ

# 第3章　センス・オブ・ワンダーを生きた／生きる人びと：外国人編

カーソンの生涯と著作に脈打つセンス・オブ・ワンダーの精神は、時代を超え、社会や国境を越えて、他の人びとの中にも息づいている。前章で紹介した七つのキーワード――〈いのちへの畏敬〉〈生命の織物〉〈大きな力〉〈未来に対する責任〉〈地球は人間だけのものか〉〈もう一つの道〉〈ふしぎがり〉――をリトマス試験紙に用いて、センス・オブ・ワンダーを生きた、あるいは現在も活躍している人びとを四章に分けて紹介したい。本章と次章では、環境問題に関して思想的な影響を与えたり実践的な活動をおこなったりした、あるいは現在もおこなっている人びとを、外国人と日本人五名ずつ紹介し、第五章と第六章では、センス・オブ・ワンダーの心をもって子どもたちとかかわった教育者や研究者や作家たちを、外国人と日本人四名ずつ紹介する。順序は生年の古い順とする。

本章で紹介するのは、ソロー、シュヴァイツァー、ポター、マータイ、アレクシエービッチの五名である。ソローとシュヴァイツァーはともに、カーソンが深い敬意を抱いていた環境思想家かつ実践家である。またポターは、カーソンが幼少期、ポターの「ピーターラビット」シリーズを愛読していたということの他に、ポター自身、若い頃は生物学者を志していたが女性であることを理由に断念させられたことや、後年ナショナル・トラスト運動に深くかかわり自然環境の保全に尽力したことなど、「エコフェミニズム」の観点からのカーソンとの共通点がいくつも見出せることから選んだ。

一方、マータイはカーソンの『沈黙の春』が全米に「騒がしい夏」をもたらした一九六二〜三年当時、国費留学生としてアメリカの大学で生物学を学んでおり、具体的な事実については確認できていないが、カーソンから何らかの影響を受けたことは間違いない。ケニアに帰国後マータイは、緑を育てることと女性の地位向上や民主化を結びつけた活動を展開し、カーソンが十分に果たせなかった「エコフェミニズム」の理念の実現に奔走する。また、彼女は日本人の伝統的な価値観とされる「もったいない」精神に共鳴し、世界中にアピールしたことでも知られることから、ここに取り上げた。

最後のアレクシエービッチは、二〇二〇年八月現在も活躍する、ベラルーシのジャーナリストで、チェルノブイリ原発事故を取材した『チェルノブイリの祈り』などによってノーベル文学賞を受賞した。今日における環境破壊の大きな要因の一つである原子力問題を、原発事故の当事者である一般市民、特に女性や子どもの立場から検証していった彼女の「エコフェミニズム」的な姿勢には、カーソンやマータイと共通するものがあり、福島第一原発事故を経験した当事者として、私たちも改めて注目すべき人物である。

## ヘンリー・デイヴィッド・ソロー（一八一七 - 六二）

フランク・グレアム・ジュニア『サイレント・スプリングの行くえ』に、一九五二年頃のカーソンの寝台の近くに置かれていた愛読書が数冊紹介されているが、その一つがソローの『日記』である。[注1] ヘンリー・デイヴィッド・ソローは『ウォールデン　森の生活』（一八五四年）や『メインの森』（一八六四年）などを書いたアメリカの思想家・随筆家である。二人の間には、メイン州に居を構え、生涯にわたり禁欲的で質素な生活を送ったことの他、いくつもの共通点が見られる。

まずは〈いのちへの畏敬〉である。「自然が持つ、言葉に表しがたい純粋さと慈愛……は、私たちに、限りない健康と励ましを与えてくれます！　自然はヒトという私たちの種に大いなる共感を持っています」[注2]。ソローはこのように述べて、「自然」を讃え、いのちに対する親わしさと畏敬の念を表現した。また、「人間は自然の秩序に自らを適合させることを学ばねばならない」[注3]とするソローの信念は、人間を〈生命の織物〉の一部と見たカーソンの人間観に通じるものがある。そして、「私が歩んでいるこの大地は、死んで動かない物体ではない…。それは、霊魂をもった物体であり、有機的であり…」「大地の巨大で中心的な生命」[注4]といった表現からは、カーソンと同様の〈大きな力〉の認識が伺える。

両者の類似点として最も注目すべきは、〈地球は人間のものではない〉とする発想、つまり近代的な人間中心主義を批判し、自然との共生という〈もう一つの道〉を提示した点であろう。『メインの森』の中でソローはこう嘆く。「その土地では、大勢の人々が仕事の鬼となって、森林をなるべく早く追放することを使命にしているらしい。ビーバーの住むひっそりした沼地や、山腹のあらゆる所から」[注5]。その上でソローは、この変化に接して深い悲しみと怒りを抱きつつも、何が進行しているのかを客観的に観察し記録しようとした。彼もまたカーソンと同様、詩人の魂と科学者の魂を共存させていたのである。

最後に、ソローもまた〈ふしぎがり〉だったことを付け加えておく。

二〇年余りも毎日のように接してきたというのに、私は今夜も、ウォールデン池に初めて会った時のように心を打たれました——おお、なんと！ 幼かった私が心を打たれたあのウォールデン池が、今も変わらず目の前にあります。[注6]

**アルベルト・シュヴァイツァー（一八七五－一九六五）**

フランスとドイツの国境アルザス地方に牧師の子として生まれる。大学で神学と哲学を学び、学位取得後は講師の職を得ていたが、三〇歳の時、医療と伝道に生きることを志す。三八歳で医学博士となり、アフリカの赤道直下の国ガボンで医療活動を開始。その献身的な活動が評価され、

一九五二年度ノーベル平和賞を受賞。[注7]

第二章でも述べたように、カーソンは母マリアの影響の下、シュヴァイツァーを深く尊敬しており、『沈黙の春』の冒頭には「アルベルト・シュヴァイツァーに捧ぐ」と記し、これに続いて、「未来を見る目を失い、現実に先んずるすべを忘れた人間。そのいきつく先は、自然の破壊だ」というシュヴァイツァーの言葉が掲げられている。一九五七年四月、シュヴァイツァーは原爆実験中止アピールの放送の中で、放射能が自然の生態系を汚染し、やがては生物そして人間まで汚染し、次の世代にまで影響を及ぼすと警告している。この論理構成は、放射能を殺虫剤や有害化学物質に置き換えれば、その五年後に刊行されたカーソンの『沈黙の春』に当てはまる。本章の冒頭に挙げた七つのキーワードに照らせば、〈未来に対する責任〉〈地球は人間だけのものか〉に対応する。

また〈いのちへの畏敬〉は、シュヴァイツァーの思想と実践の根底にある考え方でもある。[注8]生あるものはすべて、生きようとする「生への意志」をもっている、だから人間は人間以外の生命をも、自己の生と同様に扱わなければならないと彼は考えた。それは自己と他者、および生命あるものとの共存をめざす考え方であり、アフリカでの医療活動はまさにその実践であった。以上のような彼の考え方は、カーソンへと確かに受け継がれたと言える。

## ヘレン・ビアトリクス・ポター（一八六六－一九四三）

ビアトリクス・ポターは、英国ロンドンのサウスケンジントンに、中産階級の裕福な家庭の長女として生まれた。遊び相手も少ない孤独な環境で育ち、教育は家庭でおこなわれ学校に通うことはなかった。一家は、毎年夏になると避暑に出かけ三～四ケ月を過ごした。当初の滞在先はスコットランドだったが、一八八二年以降イングランド北部・湖水地方のウィンダミア湖畔に代えた。これが湖水地方との出会いである。

ポターは幼い頃から絵を描くことを好み、ウサギをはじめさまざまな動物をペットとして飼育した。またキノコに興味を持ち、顕微鏡も用いて膨大な数のスケッチを残した他、胞子の発生に関する研究も手がけた。一八九七年、化学者の叔父の勧めでロンドン・リンネ学会に論文を提出するが、女性であることを理由に門前払いされ、研究者への道を断念する。

一九〇二年、自分の元家庭教師の、当時五歳だった息子に送った絵手紙の話を元に出版した『ピーターラビットのおはなし』が評判となり、その後およそ年に二冊のペースで十年余りにわたって刊行したピーターラビットの絵本シリーズが大ベストセラーとなる。三九歳の時、担当編集者と婚約するが、一か月後に婚約相手が白血病のため死去。その直後、湖水地方のニア・ソーリーに農場を購入して生活の基盤を移す。一八九五年に設立された自然保護団体ナショナル・トラストを支援するため、絵本の印税収入の大半を湖水地方の土地や建物の購入につぎ込む。一九一三年、四七歳の時に弁護士と結婚。その後は湖水地方特有のハードウィック種の羊の保護・育成に尽力し、畜産家としても成功を収める。一九四三年、気管支炎のため七七歳で死去。

遺言により四千エーカー以上の土地と一五の農場そして建物がナショナル・トラストに寄贈された。[注9]

幼い頃、レイチェル・カーソンは母マリアから与えられた数多くの本の中でも特にポターの「ピーターラビット」シリーズ、うさぎたちが人間のようにふるまうが「うさぎ性」も失っていない「半分動物、半分人間」[注10]の作品世界をこよなく愛した。カーソンの伝記作家スターリングは「これらの物語は個人的な世界の一部であった野原と森で飼いならされた小さな動物と小動物に対する、彼女の感性――レイチェルの感性の鏡に映しだしている」と見ている。そして「この作品が彼女にとって、自然のすべてにある偉大な神秘的な統一があり、世界の万物が他のすべてのものと何らかの関係がある」ことをレイチェルに示唆したのではないかと推測する。[注11]つまり、カーソンの「センス・オブ・ワンダー」を構成する〈いのちへの畏敬〉や〈大きな力〉の種子が、ポターの作品の中にもあったと言えるのである。

また、若き日のポターが生物学者を目指していたことや、キノコの写生画や「ピーターラビット」シリーズのイラストに見られる、徹底的な観察に基づく写実的な動植物の描写から、ポターの伝記作家レインは、ポターが科学者の目と、その動物の習性を翻訳し物語に取り入れる詩的才能を合わせ持っていたと評しているが、[注12]それは作家と生物学者を両立させたカーソンの姿に重なるものである。

そして自然環境の保護活動に積極的に関わったことも、ポターとカーソンの共通点であり、こここには〈未来に対する責任〉〈地球は人間だけのものか〉〈もう一つの道〉といった理念が二人の間に共有されていたことが伺える。さらに、ウサギ、ハツカネズミ、ハリネズミ、リス、カエル、トカゲ、ヘビ、カメ、コウモリなどをペットとして飼い、観察してスケッチに残したポターもまた、カーソンと同様の〈ふしぎがり〉だったことは間違いない。

**ワンガリ・M・マータイ（一九四〇‐二〇一一）**

一九四〇年、ケニアの中央高地の村で生まれる。父親はイギリス人入植者の農園で働く労働者だった。一九六〇年、国費でアメリカへ留学し生物学を学び、ピッツバーグ大学で修士号を取得する（カーソンの『沈黙の春』がアメリカ全土で騒動を巻き起こしていた時期と重なるのは単なる偶然だろうか）。帰国後はナイロビ大学で博士号を取得し教授となる。

ケニアの環境破壊の現状を憂い、一九七七年、国土の砂漠化を食い止めるための植林活動である「グリーンベルト運動」を立ち上げる。学校にも、子どもたちに植樹や環境保護を学ばせる教育プログラムを導入する。緑を育てることと女性の地位向上や民主化を結びつけたマータイの活動は、当時の独裁政権から様々な圧力を受けたが、七本の植樹から始まったこの運動はアフリカ全土に広がり、三〇年間で五千万本を突破した。この活動は環境活動の側面と同時に、貧しい人々の経済的自立、それに伴うケニアの民主化・女性解放と密接にリンクしている。二〇〇二年に国会議員となり、緑の党を立ち上げ代表となった。

二〇〇四年、「持続可能な開発は環境保護と民主主義と平和が相互に結び付いたところでのみ実現できる」という活動の基本姿勢が評価され、アフリカ人女性として初めてノーベル平和賞を受賞。二〇〇五年より、自然の恵みに対する感謝の気持ちが込められているとして「MOTTAINAI」をスローガンにした運動を展開した。[注13]

マータイの思想と活動の原点もまた幼年時代にある。母親の手伝いで近くの川に水汲みに行くと、「このワクワクする自然の世界に夢中になる」[注14]〈ふしぎがり〉だった。また、イチジクの木は神さまの木とされており、たとえ落ちている小枝であっても、家に持ち帰って薪にしてはいけなかったという。[注15]〈いのちへの畏敬〉や〈生命の織物〉の発想がこうした幼少体験の中で育まれていった。

留学中の一九六三年、ケニアはイギリスから独立した。経済的な自立を図るため、商品作物の生産と貨幣経済の進展が国是となり、その結果、森林破壊と砂漠化が進み、生態系のバランスが崩れていった。帰国したマータイは国土の惨状を目の当たりにし、〈地球は人間のものか〉や〈もう一つの道〉への想いを強く抱く。そしてこの時、彼女は〈もう一つの道〉としての持続可能な社会への転換において大きな役割を担うのは女性であると確信し、実行していった。こうした考え方は、前述したように「エコフェミニズム」[注16]と呼ばれ、カーソンにも共通する。

さらにマータイは次のように語っている。「生物多様性という科学的な言葉はむずかしい。これを神話の世界から日常生活の中にもってこなければいけない。生物多様性は人間生活のすべてにかかわっているのだから、すべての人がそのためになにかができる」[注17]。つまり、ひと握りの権力者たちに地球の未来をゆだねるのではなく、女性や子ども・若者を始めとする市民一人ひとりが、〈生命の織物〉としての地球を存続させるために何をすべきか、何ができるかを考えていこうと訴えた。これもまたカーソンと響き合うものと言える。

### スベトラーナ・アレクシエービッチ（一九四八-　）

ウクライナ生まれ。ベラルーシ大学卒業後ジャーナリストとして活動。第二次世界大戦に従軍した女性や関係者を取材した第一作『戦争は女の顔をしていない』（一九八三年）は、二〇二〇年、日本で漫画化されて話題を呼ぶ[注18]。チェルノブイリ原子力発電所事故に遭遇した人々の証言を取り上げた『チェルノブイリの祈り　未来の物語』（一九九七年、以下『祈り』）は、二〇一一年三月の福島原発事故の後、再び脚光を浴びる。二〇一五年、ジャーナリストとして初めてノーベル文学賞を受賞。

『祈り』の中で、カーソンが『沈黙の春』で示した放射能の恐ろしさを、事故処理にあたった消防士・作業員・調査員や、地元住民とりわけ女性や子どもや高齢者のような「小さき人びと」[注19]が証言している。そこには、〈生命の織物〉を徹底的に破壊し、〈地球は人間だけのもの〉であるかのように他の生物や大地や水や空気を傷つけ、〈未来に対する責任〉を放棄させる原子力エネルギー（放射能）と、この力を用いて国家や世界を支配しようとする「大きな人びと」に対する怒りと絶望が、また〈もう一つの道〉へと続く「小さき人びと」同士の愛や、自然に対する彼らの愛が語られている。その言葉を改めて噛みしめてみたい。

［著者の言葉］この本はチェルノブイリについての本じゃありません。チェルノブイリを取りまく世界のこと、私たちが知らなかったこと、ほとんど知らなかったことについての本です。（中略）何度もこんな気がしました。私は未来のことを書き記している……。[注20]

ぼくらの町からスズメがいなくなった。事故のあと最初の年に。あちこちにころがっていました、庭にも、アスファルトのうえにも。スズメはかき集められ、落ち葉といっしょにコンテナで運ばれた。その年は、落ち葉を燃やすのは禁止されていました、放射能がくっついていたから。葉っぱは埋められたんです。

二年後にスズメがあらわれた。ぼくらはうれしくて、大声をだしあった。「きのう、スズメを見たよ。もどってきたんだよ」

コガネムシは姿を消してしまった。いまもここにはいません。もしかしたら、ぼくらの先生がいうように、コガネムシが帰ってくるのは、一〇〇年先か、一〇〇〇年先かもしれない。ぼくは、もう見られないんです。[注21]

**注**

1 フランク・グレアム・ジュニア（田村三郎・上遠恵子訳）『サイレント・スプリングの行くえ』同文書院 一九七〇年 二四ページ

2 ヘンリー・D・ソロー（今泉吉晴訳）『ウォールデン 森の生活』小学館 二〇〇四年 一七七ページ

3 ドナルド・オースター（中山茂他訳）『ネイチャーズ・エコノミー エコロジー思想史』リブロポート 一九八九年 一〇四ページ

4 同右 一〇九ページ

5 ヘンリー・D・ソロー（小野和人訳）『メインの森 真の野生に向う旅』講談社学術文庫 一九九四年 一五ページ

6 ソロー『ウォールデン』二四三ページ

7 小牧治・泉谷周三郎『新装版 人と思想31 シュヴァイツァー』清水書院 二〇一六年を参照。

8 「生命への畏敬」、菅野覚明・山田忠彰監修『用語集倫理 新訂第4版』清水書院 二〇一九年 二四九ページを参照。

9 マーガレット・レイン（猪熊葉子訳）『ビアトリクス・ポターの生涯』福音館書店 一九八六年 吉田新一『ピーターラビットの世界』日本エディタースクール出版部 一九九四年 他を参照。

10 吉田前掲 一九九ページ

11 アーリーン・R・クオアラティエロ（今井清一訳）『レイチェル・カーソン 自然への愛』鳥影社 二〇〇六年 一七ページ

12 レイン前掲 七四ページ

13 ワンガリ・マータイ（小池百合子訳）『へこたれない UNBOWED ワンガリ・マータイ自伝』小学館文庫 二〇一七年、クレア・A・ニヴォラ（柳田邦男訳）『その手に一本の苗木を マータイさんのものがたり』評論社 二〇〇九年 他を参照。

14 マータイ前掲 九〇ページ

15 同右 九〇-九一ページ、ニヴォラ前掲 第一～二場面

16 「エコフェミニズムとはエコロジーとジェンダーの関わりを通して、男性中心主義的・人間中心主義的な現代文明のあり方を問い直す方法論である」（上岡

克己他『レイチェル・カーソン』ミネルヴァ書房　二〇〇七年　四五ページ）
17 多田満『センス・オブ・ワンダーへのまなざし』東京大学出版会　二〇一四年　八六ページ
18 小梅けいと『戦争は女の顔をしていない』KADOKAWA　二〇二〇年
19 NHK-Eテレ「こころの時代　～小さき人々の声を求めて～」（二〇一七年四月一一日放映）におけるアレクシエービッチの言葉。
20 スベトラーナ・アレクシエービッチ（松本妙子訳）『チェルノブイリの祈り　未来の物語』岩波現代文庫　二〇一一年　二九-三二ページ
21 同右　二六三-二六四ページ

# 第4章　センス・オブ・ワンダーを生きた／生きる人びと：日本人編

本章では、南方熊楠、石牟礼道子、星野道夫、中村哲、中村桂子の五名を取り上げる。まず、明治時代の環境問題の活動家として、他に田中正造の名前も思い浮かんだが、前章で紹介したソローとの共通点や〈ふしぎ〉への関心度に注目して、熊楠の方を選んだ。

次に、日本における戦後最大最悪の公害病とされる水俣病問題に深くかかわり、その著『苦海浄土』を通してこの問題を国内外に広く訴えた作家・石牟礼は外せない存在と考えた。前章で紹介したアレクシエービッチとの類似性が想起されるが、実際に比較してみると、シャーマン的カリスマ性を持つ石牟礼と、ジャーナリストとして黒子に徹するアレクシエービッチは好対照を成しており、そういう意味でも興味深い。

写真家の星野は、アラスカの厳しい大自然の中での体験に基づく珠玉のエッセイをいくつも残している。そこには自然とのつき合い方や近代科学文明に対する向き合い方を見直すことへの勧めが、決して声高ではないが情熱を込めて語られており、読む者の胸を打つ。

一方、昨年（二〇一九年）一二月、アフガニスタンで凶弾に斃れた、医師で水利事業活動家の中村哲を登場させたことには、意外な感を受けるかもしれないが、緑を守り育てていくことが、戦争の大きな要因となる貧困や経済格差を減らし、平和を育てていくことにつながるという中村の発想には、これからの日本が目指すべき真の「積極的平和主義」を見る思いがする。

最後に紹介する生命誌研究者の中村桂子は、センス・オブ・ワンダーを構成する〈いのちへの畏敬〉〈生命の織物〉〈地球は人間だけのものか〉〈もう一つの道〉〈ふしぎがり〉といった要素の大切さを子どもたちに発信する、現役の「いのちのレッスン」の実践家である。

**南方熊楠（みなかた　くまぐす　一八六七 - 一九四一）**

和歌山市生まれ。東京での学生生活の後に渡米、その後イギリスに渡り、大英図書館に通いながら生物学・民俗学・人類学等に関する英文論考を『ネイチャー』や『ノーツ・アンド・クィアリーズ』に次々と寄稿した。一九〇〇年の帰国後は、田辺町（現・田辺市）に居住し、柳田國男らと交流しながら、日本の民俗・伝説・宗教を広範な世界の事例と比較して論じた。民俗学の主著として『十二支考』『南方随筆』などがある。生物学者としては粘菌の研究で知られる。一九〇六（明治三九）年に布告された「神社合祀令」によって、土着の信仰・習俗が毀損され、「鎮守の森」が伐採されて固有の生態系が破壊されてしまうことを憂い、神社合祀反対運動を展開、特に田辺湾内に浮かぶ神島《かしま》の保護運動に力を注いだ。

前章で取り上げたソローにも比較されるように、[注1]熊楠は紀州那智の山奥での独居生活の中から、「南方曼荼羅」とも称される、〈生命の織物〉と〈大きな力〉によって成り立つエコロジカルな宇宙観（コスモロジー）を育んだ。また、米墨戦争（一八四六－一八四八）に反対して人頭税を払わなかったため投獄され「市民の不服従」を書いたソローと、十年にわたる神社合祀反対運動の中で投獄され「神社合併反対意見書」を書いた熊楠は、学問的・思想的信念から〈未来に対する責任〉に駆られて〈もう一つの道〉への行動を起こした実践家でもあるという点でも共通している。

また、次のような熊楠の幼少体験も興味深い。「四歳で重病の時、家人に負われて父に伴われ、未明から楠神へ詣ったのをありありと今も眼前に見る。また楠の樹を見るごとに口に言うべからざる特殊の感じを発する」（熊楠「南紀特有の人名」より）。自分の名前は楠の神樹との深い絆をあらわすものとして選ばれた。楠神は自分に関係の深い子どもを病気や死から守って、この世に長く生存させようとして、不思議な力を注いでくれる。そのおかげで自分は生き延びた――[注2]。ここには〈いのちへの畏敬〉や〈大きな力〉の種子がうかがえる。

さらに、「南方曼荼羅」の一側面として、熊楠は森羅万象を「不思議」として捉えており、彼もまた〈ふしぎがり〉だったと指摘することも可能だろう。「不思議ということあり。事不思議あり。物不思議あり。心不思議あり。理不思議あり。大日如来の大不思議あり。予は、今日の科学は物不思議をばあらかた片づけ、その順序だけざっと立てならべ得たることと思う」[注3]。熊楠もまた生涯にわたって〈ふしぎがり〉を生きた人だった。[注4]

**石牟礼道子（いしむれ　みちこ　一九二七－二〇一八）**

熊本県天草に生まれ、生後まもなく水俣に移住。水俣実務学校卒業後、小学校の代用教員として勤務。戦後退職して結婚し、家事のかたわら短歌をつくる。一九五八年、谷川雁主宰の同人誌『サークル村』に参加。一九六八年、水俣病患者を支援する水俣病対策市民会議を結成。一九六九年『苦海浄土　わが水俣病』を刊行。同年、患者や家族がチッソを相手に損害賠償の裁判を起こすと「水俣病を告発する会」を結成して全面的に支援した。一九七三年にアジアのノーベル賞といわれるマグサイサイ賞を受賞。晩年はパーキンソン病と闘いながら執筆活動を続け、二〇一四年『石牟礼道子全集』（全一七巻、別巻一）を完結。[注5]

『苦海浄土』は、自然をないがしろにし、また人間を機械に見立てて社会や国家の利益のために酷使することで発展していった近代文明に対する告発の書として、『沈黙の春』に勝るとも劣らない存在意義を持つ。ただし、石牟礼の作家活動を支え続けた渡辺京二が指摘するように、『苦海浄土』は聞き書きやルポルタージュではなく「私小説」であり「自律的な文学作品」であることにも注意を払っておきたい。[注6]石牟礼にとって、〈もう一つの道〉としての森羅万象がつながり合う世界は、カーソンやアレクシェーヴィッチのように科学者やジャーナリストの客観的なまなざしによってたどり着いたものではなく、自らの幼少期の原風景であると同時に、シャーマン的な直観力によってのぞき見てしまった、時空を超越した幻像の不思議世界でもあり、決して牧歌的な風景ではない。例えば次のような一節。

突然、戚《せき》夫人の姿を、あの、古代中国の呂太后《りょたいごう》の、戚夫人につくした所業の経緯を、私は想い出した。手足を斬りおとし、眼球をくりぬき、耳をそぎとり、オシになる薬を飲ませ、人間豚と名付けて便壺にとじこめ、ついに息の根をとめられた、という戚夫人の姿を。

水俣病の死者たちの大部分が、紀元前二世紀末の漢の、まるで戚夫人が受けたと同じ経緯をたどって、いわれなき非業の死を遂げ、生きのこっているではないか。（中略）

独占資本のあくなき搾取のひとつの形態といえば、こと足りてしまうか知れぬが、私の故郷にいまだに立ち迷っている死霊や生霊の言葉を階級の原語と心得ている私は、私のアニミズムとプレアニミズムを調合して、近代への呪術師とならねばならぬ。[注7]

おそらく、このシャーマン的な直観力こそ石牟礼作品の最大の魅力であり、読者のたましいを揺さぶる所以であるに違いない。それはまた、例えば自伝的小説『あやとりの記』にも次のような歌の形で表現されている。

……人のゆくのは　かなしやなあ
鳥のゆくのは　かなしやなあ

雲の茜の　かなしやなあ
ひちりきひちりき　しゃららららーら[注8]

言うまでもなく、「かなし」は「哀し」であるとともに「愛し」でもあるだろう。

**星野道夫（ほしの　みちお　一九五二‐一九九六）**
千葉県市川市生まれ。慶応大学卒業後アラスカ大学に留学し、以後極北の野生動物や人びとの暮らしを写真と文章に記録し始める。一九八六年アニマ賞、一九九〇年『Alaska　極北・生命の地図』で木村伊兵衛賞受賞。一九九六年、ロシア・カムチャツカ半島で取材中、クマに襲われ急逝[注9]。

カーソンのＤＮＡを星野が受け継いでいるかどうか、異論もあるかもしれない。ただ、彼の遺した写真と文章からは、限りない〈いのちへの畏敬〉が感じ取れることは間違いあるまい。〈もう一つの道〉を歩み続けた彼の〈ふしぎがり〉の生涯を本書に刻んでおくことは、ぼく自身が〈未来への責任〉を果たすことにつながると感じている。

生きる者と死す者。有機物と無機物。その境とは一体どこにあるのだろう。目の前のスープをすすれば、極北の森に生きたムースの身体は、ゆっくりと僕の中にしみ込んでゆく。その時、僕はムースになる。そして、ムースは人になる。次第に興奮のるつぼと化してゆく踊りを見つめながら、村人の営みを取りかこむ、原野の広がりを思っていた。[注10]

人間の生き甲斐とは一体何なのだろう。たった一度のかけがえのない一生に、私たちが選ぶそれぞれの生き甲斐とは、何と他愛のないものなのだろう。そして、何と多様性にみちたものなのか。[注11]

誕生、死、そして再生という無窮のサイクル。木はその一生を終え、地に倒れても、別の形になってさらに生き続ける。きっと、一見無駄に見える無数の倒木こそが、この森を支える母体なのだろう。一人の人間が森の一生を見届けることはできない。森を見つめるとは、生態学というより、考古学に近いものなのかもしれない。[注12]

もうすぐ二十世紀が終わろうとしている。きびしい時代が待っているだろう。進歩というものが内包する影に、私たちはやっと今気付き始め、立ち尽くしている。なぜならば、それは人間自身がもちあわせた影だったのだから……種の始めがあれば、その終わりもあるというだけのことなのか。それとも私たち人間は何かの目的を背負わされている存在なのか。いつかその答を知る時代が来るのかもしれない。[注13]

**中村哲（なかむら　てつ　一九四六 - 二〇一九）**

福岡県生まれ。九州大学医学部卒業後、国内の病院勤務を経て、一九八四年パキスタン北西部のペシャワールに赴任、ハンセン病を中心とした貧民層の診療に携わる。一九八六年よりアフガン難民のための医療チームを結成し山岳無医地区での診療を開始。二〇〇二年「アフガン・緑の大地計画」を発表し、翌年より灌漑用水路の建設に着手。二〇〇三年、マグサイサイ賞（平和と国際理解部門）受賞。二〇一九年現在、灌漑面積約一六五〇〇ヘクタール。二〇一九年一二月、アフガニスタン・ジャララバードで凶弾に斃れる。[注14]

中村哲を本書で取り上げようと思った一番の理由は、彼が昆虫好きで、蝶と山々に惹かれてパキスタン北辺を訪れたのが全ての始まりだったというエピソードを読んだからである。

世間では『崇高な人道的精神』という美談を作りたがる。また、その方が分かりやすい。しかし実際には、私たちを動かすものは、得てして本人も意識せぬ好奇心や、何でもない偶然のきっかけが多いものである。私もまた例外ではなかった。（中略）だが、偶然と呼ぶのは語弊がある。『天命』とはこうしたもので、人の側だけの意図とはおよそ無関係に、巧まざる自然さで私たちを強いるなにものかであろう。[注15]

中村もまた〈ふしぎがり〉だった！　アフガニスタンと聞くと、荒涼とした砂漠と、内戦で破壊し尽くされた家屋がイメージされる。だがその風景は、わずかこの四〇年ほどの間に「先進国」と呼ばれる軍事・経済大国の思惑によって翻弄された結果、作り出されたものである。〈いのちへの畏敬〉や〈大きな力〉を忘れ、〈生命の織物〉としての大自然を見失った近代文明「先進国」の権力者たちによって、土地を追われ心も体も傷ついた難民たちを目の当たりにした中村は、「一隅を照らす灯りとなること（照一隅）」に徹しようと決意する。[注16]

前章で取り上げたシュヴァイツァーが自ら鋸を手にして治療所を建設したように、中村はユンボをあやつり用水路を切り拓いた。「能書きよりも行動で示す」という姿勢は、同じ九州人の石牟礼にも通じるものがあり、そんな彼から発せられた言葉には説得力がある。

都会でも田舎でも、決定的な郷愁の断絶は、人のにおいのようなものが消え、自然もまた論評や撮影の対象にはなっても、わが身で触れて畏れや驚きや喜びを覚えるものでなくなってきたことである。私たちは何かのベルトコンベアーのようなものに乗せられ、車窓を過ぎ行く景色のようにしか自然を意識することがなくなっている。[注17]

「天、共に在り」　本書を貫くこの縦糸は、我々を根底から支える不動の事実である。やがて、自然から遊離するバベルの塔は倒れる。人も自然の一部である。それは人間内部にもあって生命の営みを律する厳然たる摂理であり、恵みである。科学や経済、医学や農業、あらゆる人の営みが、自然と人、人と人の和解を探る以外、我々が生き延びる道はないであろう。それがまっとうな文明だと信じている。その声は今小さくとも、やがて現在が裁かれ、大きな潮流とならざるを得ないだろう。[注18]

**中村桂子（なかむら　けいこ　一九三六－　）**

東京生まれ。東京大学大学院生物化学科修了。一九七一年三菱化成生命科学研究所に入り、日本における「生命科学」創出に関わる。次第に、生物を分子の機械と捉え、その構造と機能の解明に終始することになった生命科学に疑問を抱くようになり、ゲノムを基本に生きものの歴史と関係を読み解く新しい知「生命誌」を創出。その構想を一九九三年にＪＴ生命誌研究館として実現、二〇〇二年同館館長に就任して現在に至る。[注19]

「生命誌は、三八億年も続いてきた生きものの一つである人間としてどう生きるかを問い続け」、「現代文明を支えているすべてを機械としてとらえる機械論から抜けだして、生きているのだと実感しながら生きる生命論[注20]」を提案することだと中村は言う。彼女の歩みそのものが、〈いのちへの畏敬〉〈生命の織物〉〈もう一つの道〉などの理念を踏まえた「センス・オブ・ワンダー」な生き方と言える。[注21]

ここでは趣向を変えて、中村の著書に寄せた神経内科医・岩田誠のエッセイを引用してみたい。

その時の中村さんのお話は、私にとって極めて印象的なお話だった。それは、アゲハチョウの味覚の話である。アゲハチョウの幼虫は、特定の柑橘類の葉しか食べないので、親蝶は、幼虫が食べる種の柑橘類の葉を選んで、そこに産卵しなくてはいけない。もし、ちょっとでも違った種の柑橘類の葉に卵を産み付けてしまうと、孵化した幼虫はその葉を食べずに餓死してしまう。そのようなわが子の生死に関わる判断をしなければならない親蝶は、産卵に適した柑橘類であるかどうかを、葉からでる揮発物質を舌で味わって判定するという。アゲハチョウの舌は、其の前脚にあり、そこにはヒトの舌にあるのとそっくりの構造をした味蕾があるのだという。

これを聴いた私は、興奮して中村さんに、「脊椎動物の舌というのは、発生学的には体肢と相同の器官であり、首の最先端の部分から出来た体肢が、左右合体して口腔内から出てきたもので、まさに喉から出た手なのだ。昆虫と脊椎動物では、体肢の数が三対六本と二対四本と、一見全く異なっているように見えるが、昆虫の前脚に味蕾があるなら、それは脊椎動物の舌と同じものであり、脊椎動物も三対六本の体肢を持つということになる」と、興奮しながら話した。[注22]

オオカバマダラに魅せられていたカーソンがもしも生前この話を聞いていたら、きっと小躍りしたことだろう。

**注**

1　鶴見和子『南方熊楠』講談社学術文庫　一九八一年　二三三ページ

2　中沢新一『森のバロック』講談社学術文庫　二〇〇六年　一三ページ

3　『南方熊楠土宜法竜往復書簡』より、中沢前掲八一ページ

4　水木しげる『猫楠　南方熊楠の生涯』角川文庫　一九九六年も参照のこと。

5　米本浩二『評伝　石牟礼道子　渚に立つひと』新潮文庫　二〇二〇年、他を参照。

6　渡辺京二「解説　石牟礼道子の世界」、石牟礼道子『苦海浄土』講談社文庫　二〇〇四年　三六八ページ

7　石牟礼『苦海浄土』七四‐七五ページ

8　石牟礼道子『あやとりの記』福音館文庫　二〇〇九年　二八四ページ

9　星野道夫『イニュニック［生命］―アラスカの原野を旅する―』新潮文庫 一九九八年、国松俊英『星野道夫物語　アラスカの呼び声』ポプラ社 二〇〇三年を参照。

10　星野『イニュニック』九八ページ

11　同右　一一六ページ

12　同右　一三四ページ

13　同右　一六〇‐一六一ページ。あわせて星野の写真絵本『ナヌークの贈り物』（小学館）もお勧めしたい。

14　中村哲『医は国境を越えて』石風社　一九九九／二〇二〇年　カバー裏表紙、他を参照。

15　同右　二一ページ

16　同右　三四八ページ

17　中村哲『天、共に在り　アフガニスタン三十年の闘い』ＮＨＫ出版　二〇一三年　二四一ページ

18　同右　二四六ページ

19 中村桂子『生命誌とは何か』講談社学術文庫 二〇一四年、『中村桂子コレクション いのち 愛づる生命誌2』藤原書店 二〇二〇年、他を参照。

20 前掲『コレクション』三三二ページ

21 自伝的エッセイ『「ふつうのおんなの子」のちから』集英社 二〇一八年も参照のこと。

22 岩田誠「〝蟲愛づる姫君〟に教えられて」、前掲『コレクション』所収月報4 五 - 六ページ

# 第5章　センス・オブ・ワンダーで子どもと向き合った人びと：外国人編

本章では、センス・オブ・ワンダーの心をもって子どもと向き合った外国人の教育者や研究者や作家として、フレーベル、ピアジェ、チュコフスキー、オーピーの四名を取り上げる。

まず「幼児教育の祖」とも称されるドイツのフレーベルは、何よりも「園庭（ガーデン）」を理想的な幼児教育を実現させるための聖なる空間と見た点において、ここで取り上げるにふさわしい人物と言える。

次に、スイスの発達心理学者ピアジェは、子どもの〈ふしぎがり〉を科学的に証明し、その大切さを広く知らしめたところから選んだ。

一方、ロシアの詩人・児童文学者チュコフスキーは、作家の心と科学者の心を持ち合わせて、ユーモアやナンセンスに満ちあふれた子どもたちの言葉の世界に分け入り、この世界を擁護しようとした点で、カーソンに相通じるものがある。

最後に、英国の「子ども人類学者」オーピーは、〈ふしぎがり〉の本性を持つ子どもたちが創り出し、伝えてきた言葉や遊びや習俗を、大人や教育者としてではなく、彼らと同じ〈ふしぎがり〉仲間として、体系的かつ事例研究的に収集し、辞書的な編纂物を何冊も刊行した点に、センス・オブ・ワンダーの血脈を受け継ぐ一人と見て選出した。

## フリードリヒ・W・A・フレーベル（一七八二－一八五二）

一八四〇年、ドイツ・ブランケンブルクに世界初の幼稚園「一般ドイツ幼稚園」を開設し、「幼児教育の祖」とも称されるフレーベルだが、前章までに見てきたセンス・オブ・ワンダーの諸理念といくつかの点で関わりを持つ。ドイツのチューリンゲン州に牧師の子として誕生した彼は、生後六ケ月で母親を亡くし、継母からは疎まれ、父親ともうまく行かず、「森や牧草地を歩き回りながら聖書の言葉の意味や自然の謎について熟考[注1]」する幼少期を過ごす。そして、カーソンのように母親ではなく、兄の言葉をきっかけに、以下のような宇宙観を持つにいたる。

私が榛《はしばみ》の蕾に紫色の芯のあることを知って喜んだとき、兄は花にも人間の性と同じ差異のあることを私に注意してくれた。いまや私の信条は満足した。これまで私を苦しめていたものは、全自然に広がっているひとつの仕組みであって、もの言わぬ美しい花の類でさえこれに属しているということが分かった。このとき以来、私の目には人間の生と自然の生、心情の生と花の生とは分離できないものになった。そしていまでも榛の花を見れば、それが天使

のように自然という大きな神の宮居を私に開いてくれているように思われる。[注2]

人間も花も「全自然に広がっているひとつの仕組み」に属しており、「大きな神の宮居」にも例えられるものであるという、このようなフレーベルの言葉から、センス・オブ・ワンダーにおける〈いのちへの畏敬〉や〈大きな力〉を読み取ることができる。

また、フレーベルが幼児教育にふさわしい場を、「エデンの園」を連想させる聖なる空間としての「園庭（ガーデン）」と呼び、そこで子どもたちが遊ぶための、彼自身が考案した遊具を「恩物」と呼んだことも、教育とはこの世界のすべてのものに宿る〈大きな力〉としての神性を表現することであるという教育観に基づいている。彼の場合、〈大きな力〉とは一義的にはキリスト教の〈神〉を指すことは言うまでもないが、人間も植物も共にいのちを宿す存在であり、目に見えない〈大きな力〉によってこのいのちは生かされているとする汎神論的な発想は、[注3]「山川草木悉皆成仏」[注4]という日本人にとってなじみ深い自然観に近いものと思われる。

フレーベルの構想した「幼稚園教育」は、知識や技能の習得すなわち「知ること」を重視する今日の「早期教育」とは対極にある。自然を観察し、植物や小動物を育て、「恩物」を組み立てては壊すといった体験を通して、「感じること」やこのような体験の中で我を忘れて「夢中になること」――フレーベルはこれを「自然との合一、神との合一、生の合一」と呼ぶ――を重視する。[注5]そこには、「知ることは感じることの半分も重要ではない」とするカーソンの幼児教育観と共通するものがあると言えるだろう。そしてそこでの教育者の役割とは「園丁」である。すなわち子どもの内部にある、伸びようとする力すなわち生命の法則をよく読み取り、それを外部のまちがった介入から守り、展開しようとする子どもの内部の力を助勢してやることだと解釈されるのである。[注6]

**ジャン・ピアジェ（一八九六－一九八〇）**

スイスの発達心理学者。幼い頃から動植物への関心が強く大学では生物学を専攻したが、哲学や認識論にも関心を持ち、やがて「認識の発生論的研究」という哲学的関心と生物学的関心とをつなぐ研究領域を手がけていった。スイス・ジュネーブのJ・J・ルソー研究所付属「子どもの家」の子どもたちや、三人のわが子の観察に基づいて、独自の発達段階説を提唱した。初期においては子どもの言語反応に注目し、「自閉的思考」の段階から「自己中心的思考」の段階を経て「論理的思考」の段階へと発達するものとしていたが、後には、子どもの遊びや夢、模倣などの研究を通じて知能の発達の基本的概念を明らかにし、「同化」と「調節」という生物学的概念を用いた発生的認識論に立ち、「感覚運動的段階」「前操作的段階」「具体的操作の段階」「形式的操作の段階」という四段階に分けた。

これらの発達段階説は、子どもがそれぞれの発達段階に固有の思考や行動の仕方を持つ存在であることを精緻かつ明確に示すものであり、これによって、大人の文化への性急で強引な同化を図ろうとする伝統的な教育のあり方を批判し、新教育運動以来の児童中心主義的な教育に科学的根拠を与えるものとなった。[注7]

センス・オブ・ワンダーの立場から言えば、ピアジェが子どもの〈ふしぎがり〉に注目し、それを発達段階のある時期、具体的には「自己中心的思考の段階」もしくは「感覚運動的段階」や「前操作的段階」にある子どもにおいて何より重要なものと認識し、子どもの〈ふしぎがり〉を支持し擁護するよう親や教師に呼びかけた点に、「わたしたちが住んでいる世界のよろこび、感激、神秘などを子どもといっしょに再発見し、感動を分かち合ってくれる大人が、すくなくともひとり、そばにいる必要があります[注8]」と説いたカーソンとの共通性が見出せる。つまり、子どもの〈ふしぎがり〉を認め、一緒に不思議がる大人であることの大切さを科学的に証明したという点に、ピアジェの功績が認められる。

ピアジェの言う「自己中心的思考」（自己中心性）とは、竹内通夫によれば次のような子どもの精神世界を指す。

> 自己中心性とは、子どもの思考が、状況に左右されて、対象を客観的にみることができず、一面的な見方しかできないこと、つまり、「精神の一方向性」をさしている。たとえば、幼児は、「すべてのものに生命が宿る」（アニミズム）と思い、木や石、ぬいぐるみにも魂があるというものである。倒れているコップを見て、「コップがおねんねしている」と言ったり、

月夜のとき、「僕が歩くと、お月さまも歩く」と言ったり、「夢は、いつも枕の中にいる」と考えるのもこれである。つまり、幼児は、現実と自分の意識、言い換えると、外界と自己の混同があるので、逆にメルヘンの世界で遊ぶことができるのである。ピアジェのこの理論は、今日、「子どもの新しい発見」として高く評価されている。[注9]

ピアジェ自身は〈ふしぎがり〉を次のように評価する。「心をときめかす驚きは、教育や科学的探求において、本質的な原動力になるものである。優れた科学者を他と区別するのは、他の人が何とも思わないことに驚きの感覚をもつことである」。[注10]

驚きの感覚が教育や科学的探求の原動力になるという彼の指摘には首肯できるが、その一方で、合理性と客観性を重視する科学的追求が、〈いのちへの畏敬〉をないがしろにする時、クローン人間の創造をはじめとする「科学の暴走」に陥る危険性をはらんでいることもまた、決して忘れてはならないだろう。

そしてもう一つ、ピアジェの発達段階説を普遍妥当の真理と信じ込むことで、実際には個人や社会によってばらつきや違いがあること、つまり〈生命の織物〉であるが故の多様性を認めず、これをもっぱら「発達の遅れ」として問題視するような態度に陥らないよう警戒すべきことも補足しておきたい。

## コルネイ・イワーノヴィチ・チュコフスキー（一八八二－一九六九）

ぼくが小学生の頃だったろうか。田舎のバスが車掌のいない「ワンマンバス」になった。乗客が降車ボタンを押し停留所が近づくと、その度に次のようなアナウンスが無表情な女性の声で二回繰り返して車内に流れた。「ウンチンはウンチンバコにいれてください」。ウンチをウンチ箱に入れるの!?とニンマリしていた。その時の風景が、今回チュコフスキー『ことばと心の育児学』（『二歳から五歳まで』の編訳本）を読み返していて思い出され、ニンマリした。似たような経験は誰しも持っているのではないだろうか。

チュコフスキーはロシア・ペテルブルグに生まれ、父親のいない私生児として母子家庭で育ち、いわれのない差別に苦しんで幼少期を過ごす（自叙伝『銀いろの記章』に詳しい）。二〇歳の時発表したチェーホフ論が認められ、作家生活のスタートを切る。ゴーリキーの勧めで子ども向けの作品、特に童詩を一九二〇年代の終わりまでに集中的に発表し、『森は生きている』の作者マルシャークとともにロシア・ソビエト児童文学の代表的作家となる。

ピアジェが「自己中心的思考」の段階や「感覚運動的段階」にある子どもに固有の思考や行動に注目したのと同様に、チュコフスキーは『二歳から五歳まで』（ロシア語初版一九二八年、増補版一九六〇年）において「幼児によることばの習得とそれに並行する子どもの精神的成長とを徹底的に追及し…特色ある幼児教育論」[注11]を展開する。自ら〈ふしぎがり〉として子どもたちに向き合いつつ、二〇世紀前半の当時最新の教育学・心理学・言語学の知見を取り入れて、幼児期（主に二歳から五歳まで）の子ども独特の言語活動を理論化することによって、チュコフスキーは子どもたちのセンス・オブ・ワンダーを擁護した。

> はじめのうち、その話声（＝子どもたちの話声…筆者注）に楽しさだけしか感じなかったわたしでしたが、やがてしだいに、こども《（ママ）》のことばが美しいばかりでなく、学問的に高い価値をもっていることを、確信するようになりました。こどものことばを研究することで、気まぐれに思われるこどもの思考や心理の実体が、明らかになるにちがいないと思うようになったのです。[注12]

具体例をいくつか挙げておこう。

・（年齢不詳）「ふしぎだね。ぼくコーヒーも水もお茶もココアものむでしょう。だけど、ぼくの中から出てくるのは、お茶だけだよ[注13]」
・（にがいという意味を持つゴーリキーという姓を聞いた五歳の男の子）「どうして、こんなまずいお名前をつけたの？[注14]」
・（二歳半の男の子）「おぼうしをはいて、サンダルをかぶろうよ[注15]」
・（四歳の女の子）「こどもはママが生むんだね。そしたら、大人はだれが生むの？[注16]」
・（三歳の女の子）「いちばんおしまいの人のお葬式は、だれがするの？[注17]」

このような子どもたちの発話（言語活動）を、単なる気まぐれではなく、「人類に固有の因果的思考」[注18]として認め、法則性を見出そうとする点に、作家の心と科学者の心を持ち合わせたカーソンに相通じるチュコフスキーの人となりを見て取ることができる。

そして、この法則性の範例の筆頭が「国民的詩歌の模範ともいうべき…わらべ唄」[注19]であると指摘した箇所を読んで、長年わらべ唄の研究をしてきたぼくは、改めてニンマリしたのだった。

## アイオナ・オーピー（一九二三 - 二〇一七）

英国イングランド・エセックス州生まれ。父親はスコットランド人の医師。夫のピーター・オーピー（一九八二年死去）と二人三脚で、大学や研究機関に属さない独立した研究者として、わらべ唄、子どもの言葉と習俗、遊び、俗信、昔話、児童文学、絵本といった幅広いジャンル（「伝承児童文学」と総称される）の子ども文化の研究に取り組んだ。

一九八九年、オーピー夫妻の紹介を含むジョナサン・コット編『子どもの本の8人　夜明けの笛吹きたち』（日本語版一九八八年）を読んで魅了されたぼくは、「あなたの許で勉強させてもらえませんか」とアイオナさんに手紙を書き、彼女本人から「相談に乗ってあげるから、よかったら英国にいらっしゃい」という返信をいただいたのをきっかけに一九九一年渡英した。翌一九九二年春、英国南部ハンプシャー州リス村のご自宅を初めて訪れて以来、亡くなられる数年前まで何度もお邪魔し、私信のやり取りもさせていただいた。麦刈りを終えたばかりの、三六〇度見渡せる丘の上で一緒に凧揚げをしたことは今も忘れられない。風に向って駆けていく彼女は当時七〇歳を超えていたはずだ。

本書の執筆にあたって改めて『子どもの本の8人』を読み返してみた。夫妻が敬愛する人物として、環境保護思想の古典とされる『セルボーン博物誌』の著者ホワイトや、本書第3章で紹介したソロー、本章で紹介したピアジェの名前が登場し、さらには前項で取り上げたチュコフスキーが夫妻の自宅を訪れていたことも知って驚いた。カーソンの名前こそ出てこないものの、以下の一節からは、カーソンと同様にオーピー夫妻もまた、子どもの〈ふしぎがり〉が〈いのちへの畏敬〉という宗教観や〈生命の織物〉という自然観と緊密な関係を持つと考えていたことが読み取れる。

こうした、そこいら辺にある植物の多くを通して、子どもの頃ゲームをしていくなかで、われわれは体で、自然に親しみを覚え始めるのだ。タンポポの綿毛で時を占い、スミレで花の冠をつくる。(中略) ねずみのしっぽのようなオオバコは鉄砲のつもり。アツモリソウやクローバーは蜜を吸う。こうした草花は、まったく子どもの生活の一部である。どこにでも豊富にあり、摘まれても摘まれても、また生えてきて、われわれに慰みをあたえ、すぐに遊びに使えるほど、身近なところに存在する。[注20]

コットはオーピー夫妻の研究法の特徴を、「横柄ぶったり、もったいをつけたりして、自分たちの観察の明瞭さをあいまいにすることがないということである。またどんな場合にも、彼らは、子どもたちのするゲームや口ずさむ歌に秘められたエネルギーや推進力を示したり、説明したりする媒体としての役割を、けっして放棄することがない[注21]」と評価する。

こうした姿勢は、彼らが子どもという存在を「人びと（people）」として自分と対等の、「人間と人間の関係[注22]」にあると認めていたことに由来する。子どもの替え唄や悪口唄を集めた『イーソーを見た　子どもたちのうた』に寄せたアイオナの次の言葉も、子どもたちに対する彼女の敬意の表れであると同時に、夫ピーターを亡くした後、自身を元気づけてくれた子ども文化の持つ〈笑い〉の力に対する感謝の念と受けとることができる。

日々の心配事や災難にいちばんよく効く薬は、笑いです。子どもというものは、産声を上げたときから、このことを理解しているようです。笑いがなければ笑いを産み出し、笑いが与えられればそれを楽しみます。この本は、まさに笑いの饗宴です。（中略）生まれた以上は、この世にとどまり、できるだけのことをするのがいいのです。そして、この世にいるあいだは、せめて人間の愛すべきばかばかしさを楽しむことにしましょう。[注23]

**注**

1 小笠原道雄「フレーベル」、教育思想史学会編『教育思想事典』勁草書房 二〇〇〇年 六〇七ページ

2 小原國芳、荘司雅子監修『フレーベル全集』第一巻、玉川大学出版部 一九七七年 七一ページ

3 フレーベルの汎神論的発想については、矢野智司『子どもという思想』玉川大学出版部 一九九五年 一一七ページ参照。

4 「眼に見えないすべてのものを含め、この世に存在するすべてのものが、私たちを本来の姿に立ち返らせようとして、間断なく働き変えているという意味。存在するすべての原始物質は同じであり、すべてに仏性が宿るという考え方」(https://ja.wiktionary.org/ 2020/05/16 検索)

5 矢野『子どもという思想』八一－八二ページ参照

6 矢野『意味が躍動する生とは何か 遊ぶ子どもの人間学』世織書房 二〇〇六年 一〇六ページより要約。

7 森田伸子「ピアジェ」、『教育思想事典』五七〇－五七一ページ

8 カーソン『センス・オブ・ワンダー』二三－二四ページ

9 竹内通夫「『センス・オブ・ワンダー』と幼児教育」、上岡他『レイチェル・カーソン』ミネルヴァ書房 二〇〇七年 一三一ページ

10 J. Piaget, "Development and Learning." *PIAGET REDISCOVERED*. Ed. R. Ripple and V. Rockcastle. National Science Foundation and the U. S. Office of Education, 1964. 竹内前掲 一三一ページより引用。

11 チュコフスキー(樹下節訳)『ことばと心の育児学』理論社 一九八四年 四一四ページ

12 同右 一〇ページ

13 同右 一一七ページ

14 同右 六一ページ

15 同右 三一七ページ

16 同右 一〇四ページ

17 同右 一九一ページ

18 同右 一一九ページ

19 同右 四〇六ページ

20 ジョナサン・コット編(鈴木晶訳)『子どもの本の

8人　夜明けの笛吹きたち』晶文社　一九八八年　四二五ページ

21　同右　三六七ページ

22　同右　四一六ページ

23　アイオナ&ピーター・オーピー（平野敬一監訳）『イーソーを見た　子どもたちのうた』ほるぷ出版　一九九三年　五ページ

# 第6章　センス・オブ・ワンダーで子どもと向き合った人びと：日本人編

本章では、センス・オブ・ワンダーの心をもって子どもと向き合った日本人の教育者や研究者や作家として、宮沢賢治、加古里子（かこさとし）、松本尚子、鳥山敏子の四名を取り上げる。

最初に紹介する宮沢賢治は、〈いのちへの畏敬〉や〈生命の織物〉、〈大きな力〉〈地球は人間だけのものか〉といったテーマを持つ童話をいくつも創作しており、センス・オブ・ワンダーの血脈を引く作家と言ってよいが、ここでは、わずか四年四ヵ月の間だったが教え子たちに強烈な印象を与えた教師時代に焦点を当てる。

次の加古里子も、絵本作家と児童文化研究者・実践家という二つの顔を持つが、前述したカーソン、ポター、チュコフスキー、さらには賢治の場合にも見られるような、文学者・芸術家としての熱情や感性的想像力と、科学者としての冷静さや論理的構想力との、絶妙な共存ないしは棲み分けというものが、加古の場合にも顕著に見られる。そして何より、九〇歳を過ぎても加古の〈ふしぎがり〉ぶりと、子どもへの尊敬のまなざしは決して変わらなかったことが、今回選出した一番の理由である。

一方、松本尚子の名前を知る人は少ないかもしれないが、モンテッソーリ教育法を東京・杉並で四〇年余りにわたって実践した保育者で、彼女の子どもとの向き合い方をセンス・オブ・ワンダーの観点から見ていくと、いろいろな発見があり意義深い。

最後に、小学校教師の鳥山敏子は、本書を構想した段階でまず頭に浮かんだ名前だった。二〇一三年に亡くなったが、一九八〇年代、「もう一つの教育」を模索していた若い教師や大学生たち（ぼく自身もその一人）に与えた鳥山の影響力の大きさを考える時、これに見合う形での再評価が期待され、本書がその呼び水となることを願っている。[注1]

## 宮沢賢治（みやざわ　けんじ　一八九六－一九三三）

宮沢賢治は、一九二一年一二月から二六年三月まで、岩手県稗貫郡立稗貫農学校（二三年四月より岩手県立花巻農学校に改称）の教壇に立ったが、賢治が生徒たちとどのように向き合ったのかについて、一九八〇年代末より佐藤成、畑山博、鳥山敏子等によって教え子たちの証言が次々と紹介された。校内暴力・家庭内暴力、いじめ、不登校、自殺などが続発し、教師と学校に対する不信感や絶望感が渦巻いていたこの時代において、約七〇年前の青年教師・賢治の姿は「もう一つの教育（オルタナティヴ・エデュケーション）」の範例として、暗中模索を続けていた教師たちにとって「希望の灯」と見なされたのかもしれない。

先生はしょっちゅう、すごく感動したり、面白いなにかがあったときは、ホーホーと声を出して、とび上がって回るんです。先生は、うれしいとき、感動したときは、からだが軽くなって、からだ全体が宇宙に飛び上がる思いがすると言っておったんです。[注2]

麦刈って、脱穀。脱穀は、籾殻が飛んで首に刺さって、汗でべとついて、ほんとに嫌なんですよね。すると賢治先生は、とつぜん大声で「おおい、氷買ってこい」なんて言うのです。代表がバケツ持って買いに走ります。ブドー液を先生は持ってくるんですね。で、それをぶちこんで、みんなで、麦藁で作った長いストローで、立ったままちゅうちゅう吸って騒ぐんですよ。そしてふっと上向いて山が見えれば、「あのごつごつした肩のあたりね。あのあたりまで昔は海だったんだな」なんて、とつぜん、先生言うのですよ。[注3]

肩幅も広くがっしりとしていた先生は、いつもにこにこしてやや前かがみになって授業に臨まれた。高くはないが実によく通る声で講義を続けた。生徒を背に黒板に説明しながらどんどん書いていく。それが実に速い。横に書く、斜めに書く、図を画く、英字でも書く、すきのあるところのどこにでも書く。わずかの時間に黒板全面が余すところなく書かれてしまう。先生は口と手で話し、生徒は耳と目から同時にお話を受ける。材料の豊富な先生は、いろいろな例をひきながら解説しまとめてゆく。話が面白いとノートが遅れる。こちらも精出す。先生の話はどんどん進んでゆく。お互いに夢中になって教えるとか教えられるとかの区別さえつかなくなってしまう。注4

引用した最後の箇所に、教師対生徒という関係性を超えて、共に〈ふしぎがり〉を極めていこうとする賢治の姿勢を読み取ることができる。また、賢治の創作した作品の多くに〈いのちへの畏敬〉〈生命の織物〉〈大きな力〉などの理念が息づく、エコロジカルで汎神論的な世界が描かれているが、彼はそうした作品を書き上げると生徒たちに読んで聞かせていたことにも注目したい。人生において最も多感であり、また真理の追究に心を傾ける時期にある思春期の生徒たちの心に響く詩や物語として、エコロジカルで汎神論的な世界を賢治は描いたのである。それが賢治にとっての〈未来に対する責任〉感の表れだったことは間違いあるまい。〈サウイフ先生ニワタシモナリタイ〉。

**加古里子（かこ　さとし　一九二六－二〇一八）**

加古里子は、絵本作家として代表作『からすのパンやさん』『だるまちゃんとてんぐさん』の他、科学・知識絵本や紙芝居作品も数多く手がけた一方で、伝承遊びや年中行事など子ども文化の研究も長年にわたっておこない、その成果を『伝承遊び考』全四巻（小峰書店、二〇〇六－

二〇〇八年）他に結実させた。

加古が〈ふしぎがり〉として子どもと向き合うようになったきっかけは、大学卒業後まもなく参加したセツルメント運動の中での子どもたちとの出会いである。日曜日になると、平日に徹夜して描き上げた紙芝居の自信作をセツルメントの子どもたちに演じるが、見向きもされない。「悪ガキども」に観てもらうにはどうしたらいいのか。加古は彼らを徹底的に観察することにした。また彼らと一緒になって替え唄を合唱し、絵描き遊びを教わった。

そして、子どもたちのひらめきや発想に驚いたり感嘆したりしているうちに、「子どもっていうのは白紙なんだから、大人がきちんと教育してやれば、好きな色に染められる」という考え方は大きな間違いであり、「子どもには子どもの世界があって、ひとりひとり、自分でちゃんと考えているし、自分の好みや判断を持っている」ことに気づく。[注5] 子どもたちの個性や多様性を認め、彼らの好奇心や探求心に働きかける人間であろうとする、加古の「子どもに対する基本姿勢」はこうして出来上がった。

遊ぶ子どもの特性は「自分の欲するまま」を意味する「自恣《じし》」にあると加古は言う。「『自恣』とは、偶然のつみ重ねみたいなものであって、計画され予測され準備されたものではないため、成果とか効率とかを期待できるものではありません。しかし、子どもは自由に草原で走りまわっていれば、必ず偶然に虫に出合い、偶然逃げられ、偶然傷だらけになることでしょう。ここから子どもは何かを会得したり、感受したり、学習します[注6]」。

大人にとっては非生産的で非効率と思われる「自恣の遊び」は、現実世界の時間の流れを超えた、小動物や自然とのアニミズム的で濃密な出会いを子どもに体験させる。そしてそこで感受される〈いのちへの畏敬〉や〈大きな力〉は子どもにとって大きな意味を持つ。このような加古の遊び論は、「遊びによって○○の能力が身につく」という有用性を説く多数派の遊び論とは一線を画している。

加古が子どもたちから教わったことは、人生観にも及んでいる。

生きていくというのは、本当はとても、うんと面白いこと、楽しいことです。もう何も信じられないと打ちひしがれていた時に、僕は、それを子どもたちから教わりました。遊びの中でいきいきと命を充足させ、それぞれのやり方で伸びていこうとする。子どもたちの姿は、僕の生きる指針となり、生きる原動力となりました。[注7]

一方で、加古は科学者の眼と文学者(作家)の眼の両方をもって絵本を創作し、子どもたちに手渡そうと努めた。生前最後に手がけ、鈴木まもるの補作により完成をみた『みずとはなんじゃ?』(小峰書店 二〇一八年)で、水滴の形に最後までこだわったのは科学者・加古の本領発揮と言えるものであり、[注8]それはまた〈未来への責任〉の思いから生まれたものに違いない。

かつての軍国少年・加古は、深い反省を込めて子どもたちに次のようなエールを送る。「この世界に対して目を見開いて、それをきちんと理解して面白がってほしい。そうして、自分たちの生きていく場所がよりよいものになるように、うんと力をつけて、それをまた次の世代の子どもたちに、よりよいかたちで手渡してほしい。どうか、どうか、同じ間違いを繰り返すことがないように」[注9]。彼の想いをしっかりと受けとめたい。

## 松本尚子（まつもと　なおこ　一九三〇-二〇一六）

センス・オブ・ワンダーを生かした教育・保育として思い浮かぶのが「モンテッソーリ教育」である。イタリアのマリア・モンテッソーリ（一八七〇-一九五二）は、医学と人類学における実証的研究方法を踏襲しながら、人間の発達の法則を科学的に明らかにしようと、ローマの貧困家庭の児童を預かる施設「子供の家」での実践を通じて「モンテッソーリ・メソッド」と呼ばれる独自の理論を構築した[注10]。本項では、一九六三年イタリアに留学して「モンテッソーリ教員国際ディプロマ」を取得し、日本に帰国後このメソッドに基づいた保育・教育を実践していった松本尚子を取り上げる[注11]。

松本は一九六八年、杉並区善福寺の閑静な住宅街に幼稚園類似施設「善福寺子供の家」を創設し、二〇一二年の閉園まで四〇年以上にわたって実践をおこなった。以下、「善福寺子供の家」に八八年から二〇一一年まで勤務され、現在、松本やモンテッソーリ教育の研究に取り組んでおられる竹田恵氏からご提供いただいた資料を元に、松本の教育・保育の理念と実践について、センス・オブ・ワンダーの観点から検討してみたい。

松本はモンテッソーリ教育を「科学的でありながら、同時に子どもに本来的に備わっている自然性に親和的な教育法」であると考え、この教育の根本を「人間として生きて行くための調和のとれた生活ができるための助け」として捉えていた。[注12] その上で、保護者や教職員に向けて「子どもから学ぶ」「待つ」「五感を用いて体全体を使って経験する」「知的発達と精神の発達のバランスがとれてこそ育つ」等の考えを繰り返し説いた。[注13] モンテッソーリ教育は早期英才教育と誤解される向きもあったが、松本は幼い子どもの、心という目に見えないものの動きをとらえることに、このメソッドの核心があると見ていた。[注14]

ここではどろんこ遊びをおおいにやってほしいと思っています。どうしても都会ではめいっぱいどろんこで遊べることは少ないから。砂遊びや水遊びをするとアンバランスな子どもたちも浄化されることを経験から私は知っています。[注15]

子どもの家では、なるべく「良い子、悪い子」ということばを使わないようにしています。一人の人間として尊重する。そしてまずおとなが良くなることが大切でしょう。おとなのワクにはめたり、おさえつけたりせずに、のびのびと、なんでも思うことが自由に素直にいえる。美しいものを美しいと感ずる。良いことは良いと感ずる心のゆとりを大切にしたいと思います。よく先生方と話し合うのですが、子どもの家ではおとなが子どもにふりまわされる、ふりまわされて、むしろ楽しんでいるのかもしれません。[注16]

以上の発言から、子どもが泥んこや水にふれることで心が浄化され、それが〈いのちへの畏敬〉へとつながっていくこと、教師は子どもを一人の人間として尊重し〈ふしぎがり〉を楽しむべきとする、松本の子ども観や教育観を読み取ることができる。

さらに、カトリック信者だった松本は次のような言葉を残している。「3年間の子供《（ママ）》の成長過程の中で、宗教的な感性の芽生えを見出し、幼いなりに疑問を持ち、神の事、死ということを考える、特に4才児に見られ、精神の支えをあらためて必要とすることを子供から学びました。人間の力を超越する、自然の存在を感じとらせるように心がけています[注17]」。ここには、キリスト教への信仰にとどまらない、センス・オブ・ワンダーに見られる〈大きな力〉と相通じるものがあるように思われる。

### 鳥山敏子（とりやま　としこ　一九四一 - 二〇一三）

前述した通り、本書を構想した段階で、まず頭に浮かんだのが鳥山敏子だった。一九七〇年代後半に岡山県の「田舎の進学校」で高校時代を過ごしたぼくは、高二の時、片思いだった同級生の女の子の紹介で、太郎次郎社の教育月刊誌『ひと』を手に取る。それがすべての始まりだった。

最初は彼女と共通の話題を持ちたいという下心から取り寄せていたのだが、毎月届く遠山啓、林竹二、森毅、遠藤豊等の教育論、明星学園や和光学園他での教育実践に魅了され、教師の両親を持ち、当たり前のように考えていた学校や教師のイメージを根底から覆された。

森毅と高橋和巳（既に故人だったが）に憧れて八一年に京都大学へ入学した後も『ひと』は読み続けた。夏休みには「ひと」塾の合宿に行った。そんな中、鳥山敏子の「いのち（生と性と死）の授業」や「からだとことばとイメージの授業」が立て続けに同誌に掲載された（八一年から八五年頃にかけてのこと）。そして八五年から八六年にかけてこれらの実践報告が単行本として次々に出版された。当時のぼくにとって、鳥山敏子は文字通りカリスマ的な存在だった。今回およそ三五年ぶりに四冊[注18]を再読してみて、涙が溢れて止まらないことに驚くと同時に、彼女がセンス・オブ・ワンダーの心とからだをもって子どもたちと共に生きていたことが再確認された。

鳥山敏子は一九四一年広島県呉市に生まれる。香川大学教育学部を卒業後、六四年東京都青梅市の公立小学校に赴任し、生活綴方教育をはじめとする民間教育運動にかかわり実践を深める。また六〇年代の教育科学運動のなかで、地球・人間の歴史の授業や鉄づくり、米づくりの授業といった先駆的な授業を行う。七〇年代、竹内敏晴の演劇的レッスンをもとにした独自の「からだとことば」のワークショップに参加。八〇年代をとおして「いのちの授業」を実践し、生き生きとした授業を子どもたちと一緒につくる。また、宮沢賢治の花巻農学校時代の教え子たちに聞き取り取材をして写真集やドキュメンタリー映画にまとめる。

九四年、公立学校を退職した後、長野県に若者のための「賢治の学校」を立ち上げる。同時に全国で親も子も自分自身の問題と向き合うワークショップの実践に励む。九七年、立川に活動拠点を移し全国各地でワークショップや講演活動を展開。賢治の思想とシュタイナー教育を実践する〝学びの共同体〟として「東京賢治の学校」を構想し、二〇〇二年NPO法人取得。翌年「東京賢治の学校」から「自由ヴァルドルフシューレ　シュタイナー学校」へ。二〇一三年「東京賢治シュタイナー学校」に校名変更。同年、肺炎のため死去。注19

本書で取り出したセンス・オブ・ワンダーの支柱となる七つの理念はすべて、八〇年代の鳥山の実践報告の中に確認されるが、紙幅の都合により、彼女の言葉を三つだけ挙げておく。

「豚より人間が優れている。人間は動物や植物よりすぐれている」という〝常識〟がある。はたしてそうだろうか。動物や植物のことを知れば知るほど、その神秘な生命のしくみに驚くことばかりだ。そればかりではない。彼らが、他の生物といかにみごとにバランスをとって共生しているか、そのすばらしさに思わず合掌してしまう。どんな小さな生物も、どんな生きものも、たくさんの植物や動物のいのちによって支えられ、そして、支えあっている。それはまた、さらに大自然の偉大な力に支えられている。注20

……この時のよだかの叫びが、食べ物を口にするたび、わたしには聞こえてくる。それはおそらく、わたしの祖母や父母が食べ物を決して粗末にしなかったことと、自分の命が他の生き物の命や、生命のない空気や水や土や日の光と深くつながっていることを幼い頃から教えてくれたことによるのかもしれない。[注21]

子どものまえに立つとき、わたしはからっぽになる。たくさん準備したものを全部捨てて、どこから始めようかと考えていたことも全部捨てて、からだ一つになって立つ。子どもたちの表情やことばから触発され、ふっとわいてきたもので授業を始めていく。ほんとうにそれは、からだ一つで立った状態なのだ。[注22]

『賢治の学校』（一九九六年）を読むと、鳥山が教師・賢治の天真爛漫な〈ふしぎがり〉ぶりに共鳴すると同時に、賢治の抱えていた心の闇、いわゆる「修羅としての自己」に対して、より深い共感を示している点が注目される。それはおそらく、三〇年にわたる教師生活の中で出会った数多くの子どもたちや親たちの心の闇を覗き見てしまい、それを自分のからだで受け止めてきた鳥山ならではのものと言えるだろう。賢治の「土神ときつね」に登場する「粗野で粗暴で怒りっぽいうえに自制心がなく…、殺意まで抱く土神」と「おしゃれで気取り屋で礼儀正しく、偉そうに知識をひけらかしたがる偽善家の狐」、「この両者こそ、賢治の内面で懊悩する修羅の面影なのだ」。[注23]この一節は、鳥山自身の「仮面の告白」として読み取ることもできるのではなかろうか。

センス・オブ・ワンダーを生きるとは、単に純粋無垢《イノセント》な心を持って日々刻々感動している、そんな生き方を指すのでは決してない。絶えず自分の弱さや醜さに気づかされ、立ち止まり、孤独感にさいなまれながら、それでも自分の心とからだに正直であろうとし、他のいのちとつながろうとして、また外の世界へと歩み出していく。その先において出会う、世界の不思議さやいのちの驚異に、心とからだを顫《ふる》わせること、そして自分がかかわる子どもたちと一緒に「今この瞬間」の感動を分かち合おうとすること、そんな生を全うしたのが他ならぬ宮沢賢治であり、鳥山敏子だったと言えるだろう。

**注**

1 映画「ブタのいた教室」(二〇〇八年公開)でも話題になった、小学校で豚の飼育をおこなった黒田恭史の実践は、鳥山に影響を受けたことを本人が記している(黒田『豚のPちゃんと32人の小学生』ミネルヴァ書房 二〇〇三年 一〇ページ)。また最近では、香川七海「『あたりまえ』を離れて『間違い』を歩むという実践—小学校教師・鳥山敏子の視点から考える—」が子どもの文化研究所『子どもの文化』二〇二〇年九月号に掲載されており、同志を得た思いがしている。

2 瀬川哲男の証言、写真・塩原日出夫、文・鳥山敏子『写真集 宮澤賢治の教え子たち 先生はほほ〜っと宙に舞った』自然食通信社 一九九二年 四八-四九ページ

3 長坂俊雄の証言、畑山博『教師 宮沢賢治のしごと』小学館 一九八八年 一〇六-一〇七頁

4 浅沼政規の証言、佐藤成『証言 宮澤賢治先生 イー

ハトーブ農学校の1580日』農文協　一九九二年　一四七-一四八ページ

5　かこさとし『未来のだるまちゃんへ』文藝春秋　二〇一四年　一六七-一六八ページ

6　永田栄一・かこさとし『鬼遊び』青木書店　一九八六年　一六-一七ページ

7　かこ『未来のだるまちゃんへ』二五一ページ

8　二〇一八年六月四日放映、NHK総合「プロフェッショナル　仕事の流儀　最後の記録　絵本作家かこさとし」より。

9　かこ前掲　二五一-二五二ページ

10　磯部裕子「モンテッソーリ」、教育思想史学会編『教育思想事典』勁草書房　二〇〇〇年　六八二ページ

11　松本のことを紹介してくれたのは加藤理氏である。紙面をお借りして謝意を表したい。

12　竹田恵「戦後日本におけるモンテッソーリ教育再導入—「善福寺子供の家」を事例として—」、『横浜国立大学教育学会研究論集』第2号　二〇一五年　一〇ページ

13　同右　一一ページ

14　竹田前掲　一一ページ

15　一九八九年度母親講座（ひよこ組）第2回（六月一七日）「育つ」、竹田氏のメモより。

16　松本尚子「よい子・わるい子」、『ひろば』春季号45　一九七〇年四月号　一九-二〇ページ

17　「善福寺子供の家」での、帰りの集会のお祈りの言葉。竹田氏の私信（2020/05/19）より。

18　鳥山敏子『いのちに触れる　生と性と死の授業』太郎次郎社　一九八五年、同『イメージをさぐる　体・言葉・イメージの授業』太郎次郎社　一九八五年、同『からだが変わる授業が変わる』晩成書房　一九八五年、同『からだといのちと食べものと』自然食通信社、一九八六年

19　「東京賢治シュタイナー学校」HPより一部改訂の上引用。

20　鳥山『いのちに触れる』二一二ページ

21　鳥山『からだといのちと食べものと』一九七ページ

22　鳥山『イメージをさぐる』二八四ページ

23　鳥山敏子『賢治の学校』サンマーク出版　一九九六年　一〇二ページ

# 第二部　センス・オブ・ワンダーといのちのレッスン

# 第7章　聴く・歌う・語る

第一部では、人物に焦点を当てて「センス・オブ・ワンダーの系譜」を考えてきた。第二部では、「センス・オブ・ワンダー」を今日の子どもたちに育むための実践的な方法に焦点を当て、「いのちのレッスン」として考えていきたい。大きく七つに分けて紹介する。

各章では、それぞれのレッスンが持つ意味についての理論的な説明とともに、今日おこなわれている具体的な活動事例を紹介する。事例は、ぼく自身が直接関わったり見聞きしたりしたものが中心であり、主観的で偏りがあることは否定できない。だが敢えて、ぼく自身の心とからだに馴染んだもの、「これはおもしろい！」と感じられたものに絞って紹介する。あとは読者自身が「増補版」を作っていただければと願っている。

**子守唄を聴く・歌う**

小児科医の小林登によれば、ヒトの胎児は妊娠二〇週で、音をきく器官の原型である内耳と中耳の基本的形態が完成し、妊娠後期になると、音をきく胎児の能力は相当進んでいく。

母親の話し声、お父さんとの会話、歌声、部屋の中のテレビの音楽や声、心臓の音、腸のグル音、すなわち母親の身体からでる音や皮膚組織とか羊水をとおして伝わる外からくる音はすべて、おなかの中の赤ちゃんは静かに耳をかたむけているのです。これらの音の中で、比較的に強くてリズムある音は、母親の心臓の音であって、それは心臓からはじまって、大動脈をとおって羊水中の赤ちゃんに伝わっているにちがいないのです。[注1]

胎児期に心音をインプリント（刷り込み）された赤ちゃんが、生まれた後に再び母親の心音をきくと、心がやすらぎ、すこやかな眠りにつくことができる。そして、世界各地の伝統音楽、ベートーヴェンやモーツァルトのシンフォニー、ビートルズの曲などのリズムを分析すると、心臓拍動のリズムに似ているところが少なくない。そして文化が伝統的なものであればあるほど、音楽のリズムはその傾向を強く示すと小林は指摘する。

一九九〇年八月、アイヌの女性・白沢ナベから子守唄（イフンケ）を聴いた。「ホロルセ」と呼ばれる、舌の先や喉の奥を震わせて出す「ルルルル」という音の合間に、意味のある歌詞を挟んでどこまでも続いていくものだったが、音の響きと単調なリズムが何とも心地よかった。胎児だった時の、母親の心音を聴いていた感覚が呼び覚まされたのかもしれない。

教育学者のボルノウは、生後間もない子どもにとって、「包み護られているという普遍的な気分」としての「被包感（Geborgenheit）」を持つことが何よりも大切だと説いている。[注2] 羊水に包まれ、居心地のよい母親の子宮の中から、孤独な外界に放り出された子どもは、「被包感」を体験することで安心感を取り戻すことができるのだ。

「子どもにとって子守唄とは何か」と問い直してみる時、この「被包感」をはぐくむ体験として意義づけられるように思う。歌声という聴覚のみならず、肌の温もりという触覚、匂いという嗅覚、歌い手の笑顔や背中を見るという視覚、そして時には唄を聴きながら「おっぱい」を吸うという味覚、五感の全てを通して歌い手とつながることで「被包感」を獲得し、他のいのちとつながっていること、他のいのちによって受け容れられていることを、からだの奥底に記憶するのである。子守唄を聴くことは人生最初の「いのちのレッスン」と言えるだろう。

一方、歌い手の母親やその他の家族・保育者にとっても、子守唄を歌うことを通して聞き手の子どもとの間に生まれる絆は、安心感や一体感という形で、自分といういのちを受け容れる感覚――自己肯定感を持たせてくれる。[注3] 以上のような意味において、子守唄を歌うこともまた「いのちのレッスン」に違いない。

一九九九年、西舘好子によって設立されたNPO法人日本子守唄協会は、次の五つを柱に事業を展開してきた。①子守唄に関する情報・楽曲収集・採譜事業・資料（データベース）作成事業、②子守唄普及啓発のための講演会・イベント・シンポジウムの開催事業、③ホームページの開設、

④協会会報誌の発行事業、⑤協会の広報・宣伝活動。[注4]
設立後二一年を経て、初期の頃に比べて①が縮小していること、②にマンネリ化が見られること、さらに、事業展開に必要な財政基盤が不安定であることなど、さまざまな変革が求められている。コロナ禍によって②が困難な状況にある現在、協会の存続そのものの危機にあると言えるが、この苦境を乗り越え、新たな展開を切り拓いていくことが期待される。

一方、鈴木久仁子を代表とする音楽グループDA／LEDAは、「大切な我が子のために、世界でひとつだけのオリジナルな子守唄を自分で作るワークショップ・コンサート」をコンセプトとする「わたしのこもりうた（わたこも）」の活動を、東京都内を中心に二〇一七年から開催している。[注5]地域社会や民族文化の伝統とのつながりを持つ子守唄ではなく、「親と子」「祖父母と孫」というプライベートなつながりの中で生まれる新たな子守唄の意義に焦点化させた試みで注目される。西洋クラシック音楽の楽器をサポートに曲譜を作成していく過程で、西洋クラシック音楽の伝統にはめ込んでしまうことが懸念されるが、和楽器の使用などの工夫によってこの「西洋音楽化」から自由になることができたなら、より一層ユニークな展開が可能になると思われる。

## わらべうたを歌う

「子守唄」には、子どもを寝かせつけるための「寝させ唄」と並んで、子どもの身体をさわったりゆすったりして楽しませる「遊ばせ唄」があるが、後者は子どもが自ら歌って楽しい気持ちになり、〈いのち〉がはずむ心地がする最初のレッスンと言える。

「わらべうた」は、主に子どもたち自身の間で歌い継がれたうたを指し、大人によって子どものために歌われる「子守唄」と区別されるが、「遊ばせ唄」と「わらべうた」に共通するのが、〈いのち〉をはずませるリズムを持っていることである。

例えば「花いちもんめ」の冒頭部分は「ふっるさっと　もっとめって　はっないっち　もっんめっ」と、とび跳ねるように歌われる。英語圏のわらべうた「マザーグース」が英語の言語学習において重要なツールとなることが指摘されるが、日本の場合でも同じである。日本語のリズム感覚やメロディ感覚は、遊ばせ唄やわらべうたの中にしっかりと息づいている。

また、メロディ感覚について言えば、地方語（お国言葉）のわらべうたは、その地方のイントネーションをきちんと残している。例えば京都の「ほーほーほーたる来い」の中間部、「あっちの　みーずは　にーがいぞ」のメロディは「ミーミミ　ラーソソ　ラーミミミー」である。標準語化されたバージョン「ラーララ　ラーシシ　ラーラソミー」と比べてみてほしい。幸いにして、『日本わらべ歌全集』（柳原書店）をはじめ、都道府県別・地域別の資料集は非常に充実している。「日本の子守唄やわらべうたは暗い、不気味、辛気臭《しんき》い」などと決めつけず、ユーモア感覚あふれるリズミカルで地方色豊かなわらべうたを見つけてきて、子どもたちと一緒に歌っていただきたい。

歌詞の点で言えば、前述した「ほーほー」のような、テンポ感を与えて〈いのち〉をはずませる効果を持つオノマトペが多用される他に、身の回りの動植物や風や雨や月や太陽に呼びかけ、そうした相手に自分と同じ〈いのち〉を見出し、さらにはその背後にあって支えている、目に見えない〈大きな力〉とのつながりを感じさせる唄が数多く伝承されているのもわらべうたの特徴である。そしてこれは日本語のものだけでなく、ぼくが調べた限りでも、英語・ロシア語・韓国語・中国語・アイヌ語のわらべうたに共通して見られる特徴である。おそらく第5章で紹介したピアジェのいう「自己中心的思考」と結びついた、時代や社会を超えて存在する「子どものコスモロジー」に関わるものに相違ない。

ところで、わらべうたを聴き、歌う時にもっとも大切なのは、口と耳だけで味わうのではなく、手、顔、全身を使い、お手玉や羽子板を使い、さらには他の人の身体も使って一緒に味わう、つまり「遊ぶ」ことである。わらべうたの特質としての、聴く者や歌う者の心とからだをゆさぶり、〈いのち〉をはずませる力こそ、「遊ぶ」ことの本質であろう。

遊びをせんとや生まれけむ、戯れせんとや生まれけむ、
遊ぶ子どもの声聞けば、わが身さえこそ揺るがるれ　（『梁塵秘抄』巻二）。

ここでは奈良市の音声館《おんじょうかん》を紹介しよう。「わらべうたの館・奈良市立音声館」は、「歌声による人づくり、街づくり」を目指して一九九四年に設立され、「奈良県内に伝わる〝わらべうた〟の

保存・普及を中心に様々な活動を企画・運営」している。主催事業として、わらべうた教室や劇団「良弁杉」、子ども邦楽教室・お茶教室・いけ花教室などを、年間をとおして活動している他、スタッフによるミニコンサートを開催している。親子、幼児、小学生、五〇歳以上など各種対象の「ならまちわらべうた教室」の他、保育士や教師を目指す大学生もワークショップを受けることができる（要予約）。また『大和のわらべうた全集1・2』（CD・カセット）も出版し販売している。[注6] 地方自治体における文化事業や施設の縮小が相次ぐ昨今だが、市民・県民の支援の下にぜひ踏ん張っていただいて、同様の施設が全国各地に生まれ、相互交流が進んでいくことを願っている。

## お話を聴く・語る

これは以前、別の本にも書いたエピソードだが[注7]、宮沢賢治は幼い頃、母イチから「道ばたの黒地蔵《じんぞう》」という子守唄を繰り返し聞かされていた。弟や妹にも歌われていたというこの唄を、賢治は言葉の意味が分かるようになる年頃を迎えても彼らの傍で聴いていたに違いない。

道ばたの黒地蔵　ねずみに頭をかじられた
ねずみこそ地蔵よ　ねずみなんど地蔵だら　なしてたたこ（猫）にとられべ
たったここそ地蔵よ　たったこなんど地蔵だら　なしてこっこ（犬）にとられべ

こっここそ地蔵よ　こっこなんど地蔵だら　なしておかみ（狼）にとられべ
おぉかみこそ地蔵よ　おぉかみなんど地蔵だら　なして野火にまかれべ
野火こそ地蔵よ　野火なんど地蔵だら　なして水に消されべ
水こそ地蔵よ　水なんど地蔵だら　なして馬こに飲まれべ
馬ここそ地蔵よ　馬こなんど地蔵だら　なして人に乗られべ
人こそ地蔵よ　人なんど地蔵だら　なして地蔵拝むべ
地蔵こそ地蔵よ　道ばたの黒地蔵　ねずみに頭をかじられた……

道ばたに立つ地蔵さまが、ねずみに頭をかじられる。「では真のお地蔵さんはねずみですね？」「いやどうしてねずみが真の地蔵さんと言えるでしょうか、それならねこに捕られはしないでしょう」「では真の地蔵はねこですね？」「いやどうしてねこが真の地蔵さんと言えるでしょうか、それなら犬に追いかけられはしないでしょう」——。こうして「ねずみ—ねこ—犬—狼—野火—水—馬—人—地蔵—ねずみ」と、「真の地蔵」は循環していく。動物寓話「ねずみの嫁入り」にも通じる「すくみの原理」と「いのちの連鎖」、そして「万物に宿る仏性」〈大きな力〉が主題となっている。ここには、動物たちや火や水や人間が繰り広げる交代劇の「おかしみ」の背後に、「他者のいのちを犠牲にしてはじめて存在する自らのいのち」という生の在りようへ（死生観）に対する「かなしみ」が潜んでいる。

このような死生観に立つ物語を唄の形で幼い頃に母親から聴かされていた賢治は、教師になった後、同様の死生観を持つ「よだかの星」や「なめとこ山の熊」などの物語を創作し、出来上がったばかりの話を農学校の生徒たちに朗読して聴かせていた。「『風野又三郎』、『銀河鉄道の夜』それらを賢治先生は読んでくれたのですよ」[注8]。賢治の朗読を聞いてから六〇年余りが経っても、その時の〈いのち〉の躍動を生き生きと蘇らせる教え子たちの姿に、聴くことと語ることの大切さ、物語の力や声の力を改めて思い知らされる。

一方、長年にわたり昔話の語りの活動をしてきた筒井悦子は次のように述べている。

「語ること」はいつも目の前に生きた「ひと」がいることである。（中略）「語ること」は、その人達に自分が楽しいと思うことを語ってその楽しみを共に分かち合うことであり、そのことによって心を通わせることでもある。それはまた時間も空間も共有することである。そして語っているわたくしは、そのことばの中に過去の無数の人々のいのちを受け継いでいる。「語ること」はすでにこの世にいない人々とも、目の前にいる人ともまた周りにいる様々なものたちとも「共に生きる」ことである。[注9]

現在、お話を語る活動は全国各地で行われている。以前は図書館や小学校が多かったが、最近は高齢者・障碍者などの介護福祉施設、病院、更生施設、中学・高校などにも広がっている。絵本に対する認識が、幼い子どもだけのものではなく、あらゆる年齢の人に届くものへと改められてきたのと同様に、お話（物語）を聴くことや語ることもまた「ユニバーサル・デザイン」にかなうものという認識が生まれつつあるのは喜ばしいことだ。[注10]

その一方で、「語りの専門家」に任せておけばいい、お話を丸暗記してそらんじて語れるようになるのは自分には無理と、子ども向けのうたやお話のビデオや動画配信サイトで代替している母親や父親は少なくないように思われる。賢治の母がしたように、自分のお気に入りの唄やお話を、一つでも二つでもいいからわが子に繰り返し聴かせてあげてほしい。そのためのガイドブックもたくさん出版され、講習会なども開催されている。こちらとしても、まずはそうした情報をより多くの親たちに届けることに着手していく必要があるだろう。

伝承の途絶えかけている民話（昔話や伝説など）を後世に伝えることを、地域おこしのテーマとして活動している施設が全国各地にある。[注11] その一つ、島根県松江市の「出雲かんべの里」にある「民話館」（一九九四年四月開館）は、出雲地方の神話・伝説・昔話を、影絵やスライドや立体映像で紹介するとともに、囲炉裏を囲んで地元在住の語り手たちが地元の言葉で語る「とんと昔のお話会」などを体験できる。[注12] 二〇一六年に松江玉造温泉で開催された「第一三回全日本語りの祭りin松江」では、小学校の頃から「出雲かんべの里」に通って地元の民話を学んだという中学生が、見事な語りを披露してくれた。このような世代間交流や郷土文化の継承が積極的におこなわれていくことも「いのちのレッスン」の一つであり、ぜひ継続していってほしいと願っている。

## 「ろう者」の「聴く」「歌う」「語る」

ここまで、口から耳へ、音声を届けるという手段によって「聴く」「歌う」「語る」ことについて述べてきた。それでは、この手段が取れない、もしくは取らない人びとはどうしてきたのか。「手話（手話言語）」がある。亀井伸孝によれば、聴覚障碍者の中にも、補聴器を使い音声言語を話すことを選ぶ「難聴者」や、「聴者（耳が聞こえる人）」として生まれ育ち、人生の途中で耳が聞こえなくなったために、急に手話を話せることにはならず、引き続き音声言語を話す「中途失聴者」もいて、聴覚障碍者全体の中には、音声言語を第一言語とする彼ら「難聴者」や「中途失聴者」と、手話言語を第一言語とする「ろう（聾）者」の二つのグループがあり、さらに言えば、障碍の程度や発症の時期、家庭や地域や学校教育などの生育環境に応じて、彼らと「手話」との出会い方や向き合い方は多種多様であるとされる。[注13]

それでは、手話を用いて「ろう者」はどのように「聴き、歌い、語って」いるのだろうか。

二〇一八年九月、奈良県立ろう学校で、ろう者を含む保護者有志三名による絵本の「手話」読み聞かせの活動を見学させていただいた。[注14] この日、昼食後の休み時間に小学部一年生から六年生までの約二〇名が一室に集まり、「ろう読会」が約一五分行われた。初めの二人は聴者の方で、絵本に書かれた文章を誠実に手話に翻訳して伝えているという感じだったが、最後に『狂言えほんくさびら』(もとしたいづみ文、竹内通雅絵、講談社)を読んだろう者の方の手話語りは、実にダイナミックで躍動的な「語り口」で、その圧倒的な迫力に引き寄せられるように、子どもたちも明確な音声言語ではない「声」を発し、手話や身振りで自らの感情をエネルギッシュに表現していた。そのやりとりは、音声言語ではないにもかかわらず、「語り」の場に互いの「声」が飛び交っているようであり、手話で対話しながら読み進められていると感じられた。

一方、大阪府吹田市を拠点に全国で「手話うたパフォーマンスコンサート」をおこなっている藤岡扶美の活動も紹介しておきたい。[注15] このコンサートには聴者もろう者(難聴者や中途失聴者を含む)も参加しており、両者がともに楽しめるように四つの工夫が凝らされている。①「身体の皮膜」で音をキャッチできる「抱っこスピーカー」を希望者に貸し出す、②手話でうたう、③スクリーンに歌詞の字幕を映し出す、④スクリーンに映像を映し出す。これらのうち、④にはどんな意味や効果があるのだろうか。

文化人類学者の川田順造『聲』に「音の共感覚」という概念が出てくる。「共感覚(synesthesia)」とは「声も含めたさまざまな表出・感受領域のあいだの照応[注16]」と定義されているが、要するに視覚や触覚や嗅覚や味覚としての感覚を、聴覚としての感覚に変換して受けとめるというもので、例えば太陽の光が「ぎんぎんぎらぎら」、かき氷を食べた時の冷たさが「キーン」、香水の匂いが「プーン」、唐辛子を口にした時の「ピリピリ」、こういった「音」として表現されることを指す。つまり五つの感覚神経がそれぞれバラバラに働いて情報をキャッチするのではなく、連動し協力し合ってキャッチした結果、たくさんの擬声語や擬態語が作り出されているのである。

ここから仮定されることとして、コンサートの中でスクリーンに映し出される映像は単なる視覚情報にとどまらず、「共感覚」として聴覚にも、また時には触覚や嗅覚や味覚にも働きかけている。そして同じ映像から、観客それぞれが自身のそれまでの経験に基づいて、異なる「音」や「肌合い（温度感覚）」、「匂い」や「味」を脳裏に立ち昇らせているのではないだろうか。こうして、観客は「共感覚」を発揮させることで、映像が発する「音」を受けとめる、そんな解釈も成り立つだろう。

四つの工夫は、聴者に対してももちろん効果を発揮する。「音」は耳（鼓膜）だけでなく全身の皮膜を通してキャッチするものであることを体感させてくれると同時に、自分の中に眠っていた「共感覚」を目覚めさせてくれる。また、手話という身体的言語を、視覚を通して受けとめることで、一つひとつの言葉が持っているイメージをより豊かに感じとることができる。そして何よりも大きな楽しみは、うたが描く物語世界をろう者と共有することができること、ろう者と聴者が手話うたを通してつながるということである。

二〇一九年八月、大阪府豊中市でおこなわれた藤岡のコンサートに参加して、手話うたの醍醐味を実感できた。補足すれば、同年一一月、吹田市で行われたろう者と聴者が共に参加する「リトミックと手話うたの会」において、リトミックには音声言語と手話言語の両方を包摂する身体表現の技法とその理論的裏付けがあると直感した。その検証は今後の課題としたい。

**注**

1 小林登『こどもは未来である』岩波書店　一九九三年　八六ページ

2 O・F・ボルノウ（森昭他訳）『教育を支えるもの　教育関係の人間学的考察』黎明書房　一九八七年　五〇ページ

3 鵜野祐介「子守唄の種類と地域性」、『別冊　環⑩　子守唄よ、甦れ』藤原書店　二〇〇五年　八二ページを要約。

4 日本子守唄協会HPより。http://www.komoriuta.jp/cover.html　なお同協会は二〇二〇年六月、日本ららばい協会に改称され、活動内容も若干変更された。

5 DA／LEDA　HPより。https://www.da-leda.org/about

6 奈良市立音声館HPより。http://onjokan.city.nara.nara.jp/

7 鵜野祐介『子守唄の原像』久山社　二〇〇九年　五二-五四ページ

8 畑山博『教師　宮沢賢治のしごと』小学館　一九八八年　一三〇ページ

9 筒井悦子『昔話とその周辺　語りながら考えたこと』みやび出版　二〇一九年　一四七ページ

10 鵜野祐介「ユニバーサル・デザインとしてのうた・語り」、子どもの文化研究所『子どもの文化　二〇一四　7+8』所収、を参照されたい。

11 稲田浩二・稲田和子編『日本昔話ハンドブック』三省堂　二〇〇一年　二二八-二三三ページを参照のこと。但し同書の出版から二〇年近くが経っているので、変更されている可能性がある。

12 「出雲かんべの里」のHPより。https://kanbenosato.com/

13 亀井伸孝『手話の世界を訪ねよう』岩波書店　二〇〇九年　二八-二九ページ

14 鵜野祐介「手話を用いた語りの研究序論―文化的ダイバーシティ・文化的エコロジーと説話伝承―」、日本口承文芸学会『口承文芸研究』第43号、二〇二〇年所収、を参照のこと。

15 本項目は鵜野祐介「うたとかたりの対人援助学　第10回　かたりの文化としての手話　その4」、対人援助学会ウェブマガジン『対人援助学マガジン』第37号、二〇一九年六月所収を改稿した。

16　川田順造『聲』ちくま学芸文庫　一九九七年　六五ページ

# 第8章　遊ぶ

## トム・ソーヤーの「遊び」の定義

マーク・トウェイン『トム・ソーヤーの冒険』の冒頭部に、トムが「遊び」の定義を与える場面が出てくる。ある夏の土曜日の朝、トムは前日学校をずる休みして泳ぎに行った罰として、ポリーおばさんから長さ三〇ヤード（約二〇メートル）、高さ九フィート（約二七〇センチ）の塀に白いしっくいを塗る「仕事」を言いわたされる。ところが、「この暗い絶望的な瞬間に、すばらしい思いつきが心に浮かんだ！」。

トムは、ブラシを取りあげると、落ちつきはらって塀を塗り始める。まもなく悪ガキ仲間のベン・ロジャースがやって来る。トムが仕事をやらされていると見てとり、ひやかしてやろうとしたベンに、「塀塗りはトム・ソーヤーの気に入ったっていうことだけは、たしかなんだ」とトムは言い、さらに「この塀がちゃんと塗れる子は、千人にひとりか、二千人にひとりもいないぐらいだと、おれ、思うな」と、ベンをそそのかす。すると、ベンはかじっていたリンゴをトムに渡し、ブラシを受け取って塀塗りに精出す。

それから、無邪気なカモが次々と現れては、自分の持ち物と交換条件に塀塗りをやらせてくれとトムに懇願する。そして、午後も半ば過ぎごろになると、その朝は素寒貧だった少年トムのふところには、まだ新しいタコ、死んだネズミ、ビー玉十二個、口琴の部分品、色眼鏡のかわりに使う青いビンのかけら、糸まきでつくったおもちゃの大砲、等々、「文字どおり、財産がうなっていた」。塀は三番塗りまでされ、白しっくいが種ぎれになって、めでたく終了する。この出来事を通じて、トムは次のような「人間の行動の大きな法則」を発見したのだった。

おとなにでも、子どもにでも、何かをほしがらせようと思えば、その物を、なかなか手にはいらないようにすればよい。……『仕事』というものは、人間がしなければならないからすることであり、あそびというものは、しなくてもよいのにすることだ……。[注1]

「遊び」とは「しなくてもよいのにすること」、単純明快な真理だ。本書でもこの定義を使わせてもらおう。それでは、「しなくてもよいのにする」遊びがセンス・オブ・ワンダーを育む「いのちのレッスン」になるのはどうしてなのか。また、どのような場面において遊びが「いのちのレッスン」になるのだろうか。具体的に見ていきたい。

## 「ほんと？　遊び」？

加用文男の論文に名古屋市のある保育園における五歳児の実践記録が紹介されている。

小動物の食べ物調べ以来、子どもたちは図鑑や科学の本を見ることが好きになりました。六月のある日、科学絵本『ほね』(福音館)を読んだ後のことです。男の子たちが十人くらい集まって園庭の隅を掘り出しました。黙々と掘り続けています。

次の日も、登園してくるとすぐに作業続行です。園庭に穴が開くと危険なので止めようかと思いましたが、あまり夢中なので、しばらく様子を見ていることにしました。「まだかなあ」と何かを捜している様子です。「いったいなにしているの」と聞くと、「僕たち、恐竜の骨さがしてるの」、「先生、どれくらい掘ったらいい?」、「四十メートルくらい?」と真剣です。掘っても掘っても見つからないので、そろそろあきらめるかと思っていると、今度は『ほね』の絵本を園庭に持ち出してきました。そして、恐竜の骨が埋まっている地層の断面図が載った頁を開け、検討を始めました。「ほら、このジャングルジムのすこし横のところだから、やっぱりここでいいんだよ」。その断面図には、地上部分に「人間のくふうしたもの」の骨格がかかれていて、そのなかのビルディングのそれがジャングルジムに見えたのでしょう。そして、穴を掘る位置を確認しあっていたのでした。

「ほら、土の色が変わってきた。本のといっしょだあ」。そして、「あ、恐竜のしっぽ発見」という声が上がりました。しっぽが見つかったとあって、みんな集まり、その白い細長いも

のを懸命に掘り出しました。それは、ただの木のねっこでした。みんながっかりです……。[注2]

加用はこの実践に対して、次のようなコメントを寄せている。「これは誰がなんといおうと遊びです。誰もが大笑いしながら読めるのではないでしょうか。子どもたちが本気になっているのがおかしいのです。おかしいだけではありません。子どもたちが力を合わせて、必死になって頭と体を使っている姿が目に浮かぶようです。『園庭に恐竜の骨が埋まっている』、これはまったくの虚構です。しかし、子どもたちは、ごっこ遊びのときとは違って、うそっこ気分をまじえてはいません。『ほんと?』とその気になっているのです。しかしたんなる探検でもありません。ピクニックや遠足で山のなかの谷川を『探検』したりしますが、それともちょっと違うのです。迫真性を持って迫ってくる想像に導かれての探検なのですから。先の例は子どもたちが自主的に始めたものでしたが、このような遊びを幼児が自ら始めることはまれなことと思います。固定観念にとらわれない遊び心豊かな大人の指導によってこそ経験できるというのが普通でしょう[注3]」。

ぼくはこれを読んで、『センス・オブ・ワンダー』の冒頭部、レイチェルが一歳八か月のロジャーと、強い風が吹く秋の夜にゴーストクラブ(和名スナガニ)と呼ばれるカニを捜す探検にでかける場面を思い起こしていた。「……しかし、すばらしいことに、彼(=ロジャー:筆者注)は風の歌も暗闇も、波のとどろきもこわがらず、大自然の力に包まれた夜の世界を幼な子らしい素直さで受けいれ、〝ゴース（オバケ）〟をさがすのに夢中になっていました。……わたしたちは、嵐の日も、おだやかな日も、夜も昼も探検にでかけていきます。それは、なにかを教えるためにではなく、いっしょに楽しむためなのです」[注4]。

この保育園の園児たちと保育者は、レイチェルたちのように実際に嵐の夜、海辺へ探検に出かけていったわけではない。けれども加用が記す通り、園児たちは「迫真性を持って迫ってくる想像に導かれて」探検をし、「本気になって」遊んでいる。そしてそれを「遊び心豊かな」保育者が見守り、一緒に楽しんでいる。ここには確かに「いのちのレッスン」が息づいていることが見て取れるが、「迫真性を持って迫ってくる想像」という点に注目して、さらに議論を進めていきたい。

## 表象活動の五形態

「表象発達」をめぐって論じた別の著書の中で、加用は「迫真性表象」ということを述べ、これには①探検遊び的な迫真性表象、②感情交流的対立の迫真性表象、があるとしている。①の代表的な事例が前述した園庭穴掘りの「ほんと？　遊び」だが、一方、②のタイプ「感情交流的対立の迫真性表象」の具体例として、加用は自身が通う京都市の保育園における四歳児たちの「座り鬼」（捕まると座らされて、味方にタッチしてもらえると助かってまた走れるという遊び）や、当時二歳の娘との「隠れんぼ」を挙げ、以下のようにコメントしている。

隠れて潜む相手、追いかけてくる相手、その迫真性ある接近の感受がこの表象形態の特徴です。…相手の緊迫感ある接近を感じ取り、興奮のあまり、隠れている立場を忘れて探す側の気持ちに乗り移っています。感情交流的な迫真性表象の真骨頂発揮という局面です。[注5]

さて、加用は子どもの遊びに見られる「表象活動」、つまり言葉や身体などを使って自分の内なる世界を表現することには五つの形態があるという。[注6] 一つ目は「手段−道具的表象」、これはある目的のための手段や道具として声を発したり身体を動かしたりするというもので、例えば先ほどの「園庭穴掘り」遊びで言うと、恐竜の骨を見つけるために穴を掘るというのが「手段−道具的表象」に当たる。すべてそうではないか？　と思われるかもしれない。だが、子どもの遊びを詳しく観察していると、そうではない形態の事例がいくつも見られると加用は言う。

加用によれば、「表象活動」の二つ目として「融合表象」があり、これはさらに①ごっこ的融合表象と、②愛着性意味表象の二つのタイプに分かれる。①は幼児のごっこ遊びやふり遊びに見られるもので、例えば、ある子どもがバナナ電話を使ってモシモシと言うとき、「表象は手段とか道具と言われるほどには主体から分離しておらず、すでに本人や眼前の知覚対象と合体して第三のもの（バナナでも電話でもなく、バナナ電話）になってしまっている」状況や現象を指す。[注7]

あるいは、本章の最初に挙げた『トム・ソーヤーの冒険』で、自分の代わりに塀塗りをしてくれるカモを捜していたトムの前に真っ先に現れたベンが、ミシシッピー川を航行する蒸気外輪船「大ミズーリ号」になり、ひとりで「船、兼船長、兼エンジンのベル」になって、「自分で自分の最上甲板に立って、命令を出し、しかもそれをはたすことも考え」ている場面を思い出していただいてもいいだろう。

「右舷停止！　チンリンリン！　左舷停止！　右舷前進！　機関停止！　外舷ゆっくりまわして！　チンリンリン！　チュウ・ウー・ウー！　おもて綱を出せ！　そうれ、いせいよく！　それ―引きよせ綱《スプリング》だ―何をそこでぐずぐずやってるんだ。……全機関停止！　チンリンリン！　シュッ・シュッ・シュッ！」（蒸気圧力計をしらべながら。[注8]）

一方、②愛着性意味表象の代表例は、加用の代名詞「光る泥だんご」遊びである。「今まさにいじっている物へのこだわり、客観美学的に見てどんなに形がいびつでただの土の塊としか見えない物であろうと、いじり持っている本人にとっては自分の身体の一部みたいに貴重品であるという経験は愛着性意味表象の一種とみなされるべきものです[注9]」。

そして三つ目が先ほど述べた「迫真性表象」で、これはさらに①探検遊び的な迫真性表象、②感情交流的対立の迫真性表象に分かれる。以上をまとめると、二、三歳児期の遊び場面で見られる表象活動の形態は、表一のように分類される。

〈表一〉

| | |
|---|---|
| 手段－道具的表象 | |
| 融合表象 | ごっこ的融合表象 |
| | 愛着性意味表象 |
| 迫真性表象 | 感情交流的対立の迫真性表象 |
| | 探検遊び的な迫真性表象 |

ここで、「手段－道具的表象」を除く四つのタイプの表象に共通するのが、自分と相手やまわりの世界との間の境界線や、自分の心の世界と現実の世界との間の境界線があいまいになる状態を体験することである。矢野智司はこれを「溶解体験」と呼ぶ。

## 溶解体験

深く遊びの世界に没入していると、日常以上に生き生きとした体験をするが、そのようなときには、私たちと人びとや世界との境界は解けている。あるいは、音楽に聴きいっているときや、海の波をみているあいだにリズムに同調しわれをわすれてしまう体験がある。このような体験が溶解体験なのである。[注10]

見立て遊びによって、シーツの皺が一瞬にして雪山の風景に代わる。こうして、「現実」という名で呼ばれている堅固に思えた自己と環境との既成の関係は、遊びという魔法の力によって一瞬のうちに変容してしまい、日常以上に深くアクチュアルな世界である「遊戯世界」が出現するのだ。この遊びの世界に深く没入するとき、私たちは日常の生活以上に快活で自由になることができる。遊びの体験の特質は、この世界への全身的な没入にある。この世界への没入は言葉をかえれば、自己と世界との境界線が溶解してしまう「溶解体験」ということができる。[注11]

それでは、「溶解体験」としての遊びは子どもにとってどのような意味を持つのだろうか。それは本章の最初に示した定義、「仕事というものは人間がしなければならないからすることであり、遊びというものはしなくてもよいのにすること」に関わってくる。これを矢野の言葉で言い換えると、「仕事＝しなければならないからすること」は、その行為の外部に目的を持っているのに対して、「遊び＝しなくてもよいのにすること」は、その行為の外部にいかなる目的も持っていないということである。つまり「仕事」には「(将来)何か役に立つ」という有用性や功利性への構えが伴うが、「遊び」はそうした構えを破壊してしまい、ただひたすら今この世界にいて、からだやこころを弾ませて楽しむのである。そして「日常の生活では実現されることのない、世界との十全な交流の体験」を持つことができる。それ故に「人は遊ぶことによって、生命にふれることができるのだ[注12]」。

ここで矢野の言う「生命」とは、一緒にからだやこころを弾ませている（と思われる）遊び相手の子ども（親や保育者などの場合もある）のみならず、カブトムシやカエル、木の根っこやビー玉、クマのぬいぐるみ等々、森羅万象に宿る「アニマ」としての〈いのち〉に近いものと解釈される。そしてそこから、他の〈いのち〉とつながると同時に〈大きな力〉に見守られ支えられているという「世界への信頼感」や、自分が今ここに存在していることへの「肯定感」が生まれる。この点に、遊びが「いのちのレッスン」となる第一の契機（きっかけ）が見出せるだろう。

矢野はこの契機を、「発達の相」ではなく「生成の相」として子どもという存在をとらえる立場に身を置くことによって見出せるとして、「生成の相」の立場から遊びの意味を問うことの意義を説いている。だが、先に見てきたように、加用の言う「手段－道具的表象」を除く四つの表象活動は、矢野の言う「溶解体験」に近い現象を指すものと思われるが、加用はこれら四つの表象活動にも基盤的成分と発展的成分という「発達の相」が見られると指摘している。このことを勘案する時、「発達」か「生成」か、という二項対立の図式を当てはめ、その優劣を問うことには慎重であるべきだろう。

## 文化の創造主体としての遊ぶ子ども

遊びが「いのちのレッスン」となる第二の契機（きっかけ）、それは第2章で挙げた七つのキーワードの一つ〈生命の織物〉と関係するものであり、いわゆる「伝承遊び」が、それまで何十年、何百年という時間をかけて、何千人、何万人もの人びと（子どもたち）によって受け継がれてきた「型（パターン）」を継承しつつも、それを真似してまったく同じやり方で遊ぶのではなく、自分（自分たち）の創意を加えて新たな型（パターン）を作り出していくことでより大きな楽しさを見つけるという、「保守性」と「更新性」、もしくは「模倣性」と「創造性」という対極的な二面性をあわせ持っている点に見出せる。

古代ギリシャのプラトン以来、「遊び」を「ミメーシス（模倣物）」と見なす考え方は二〇世紀に至るまで多くの哲学者たちによって踏襲されてきた。ついでに言えば、「遊び」を「仕事＝しなければならないこと」とする存在である「子ども」もまた、単なる「模倣する存在」、すなわち「（将来）役に立つ」ことを「まなぶ／まねぶ」存在としての「文化の継承者」にすぎないと見なされてきた。

けれども「遊ぶ子ども」は、「保守性」や「模倣性」だけを特性として持つのではなく、「更新性」や「創造性」をもあわせ持っており、いわば「文化を創造する主体」と見なすことができる。そのことを明快に主張したのが藤本浩之輔だった。

藤本は、子どもの生活のなかから、構造をもった生活様式としての「子ども自身が創る文化」を取りだすことによって、大人の文化とは異なる子どもの文化の存在を明らかにしたが、さらに進んで、この子どもの文化を大人の文化や学校の文化と同列に位置づけることを主張した。これは、子どもにも子どもの独自で固有の世界があり、この小さな子どもの世界（スモール・ワールド）は保護される必要があるといった「子どもの発見（発明）」以来、なんども繰り返されてきた消極的な主張ではない。藤本は、子どもという存在をたんに文化を継承するだけではなく、大人と同様、文化を創造する主体としてみたのである。注13

「伝承遊び」という名称は、その「保守性」や「模倣性」のみを印象づけるが決してそうではなく、その本質において「更新性」や「創造性」をもあわせ持っている。「伝承遊び」を体験する時、遊ぶ子どもは、連綿と受け継がれてきた「文化の型」を取りこむと同時に、そこに創意を加えて楽しさを倍増させる。そして〈生命の織物〉としての自己イメージが無意識のうちに育まれていく。だからこそ、十分な〈三間〉——時間・空間・仲間——を設定することさえできれば、たとえ普段PCゲームしかしていない子どもであっても、伝承遊びを楽しむことができる。

長年にわたる「子ども自身が創る文化」の実証的研究の蓄積をもとに、藤本はカイヨワをはじめとする大人の遊び研究の分類法とは異なる、子ども文化独自の分類法、つまり「言語表現の文化」「身体表現の文化」「事物表現の文化」に三分類し、それぞれをさらに小分類して、十一分類によって示す方法を考案し、子どもの文化の豊かさを目に見える形で示そうとした。注14こうして、この表に挙げられた多種多様な遊びを体験することが「いのちのレッスン」となるのである。

| | | |
|---|---|---|
| (1) 言語によって表現される文化（言語表現の文化） | 遊びの唄 | まりつき唄、お手玉唄、縄とび唄、手合わせ唄、しりとり唄、動植物の唄、天体気象の唄、ゲームの唄（かごめかごめ、花いちもんめ等）、おにきめ唄、問答唄、かえ唄、悪口唄（からかい唄）。 |
| | 唱えことば | 早口ことば、呪文、語呂合わせ、なぞなぞ、しりとり、数えことば、悪口ことば、じゃんけんことば、ゲーム開始、一時中止、ゲームから抜ける時のことば。 |
| | 語りもの | おばけ話、学校怪談、笑い話、とんち話。 |
| | 文字・絵の遊び | 文字絵、一筆描き、じゃんけん描き、字かくし、字当て。 |
| | 命名法 | 遊び名称、人物名称、動物名称、植物名称、事物名称。 |
| (2) 身体によって表現される文化（身体表現の文化） | 手わざの遊び | 手かげ絵、指あそび、指ずもう、腕ずもう、あやとり、手合わせ、指きり、指笛、じゃんけん、おなべく、クチンクチン、おふろ、手たたき、しっぺい、いちがさした、かこもこ（柳田）。 |
| | 演技の遊び | ごっこ遊びの類（ままごと、お店ごっこ、学校ごっこ、電車ごっこ、お医者さんごっこ、人形ごっこ、プロレスごっこ、戦争ごっこ、お母さんごっこ）。 |
| | 運動の遊び（ルールを伴う） | おにごっこ、かくれんぼ、かんけり、駆逐水雷、天下町人、ワンバン野球（三角ベース）、探偵ごっこ、S けん（けんけんずもう）、陣とり、さざえさん、石けり（けんぱ）。 |
| (3) 事物や生き物にかかわって表現される文化（事物表現の文化） | 道具や玩具を使う遊び | たこあげ、こままわし、輪まわし、日月ボール（拳玉）、ビー玉、めんこ、竹がえし、ねんがり（釘たて）、パチンコ、日光写真、いろはかるた、すごろく、花合わせ、まわり将棋、トランプ。 |
| | 手づくりの遊び | 手づくりの玩具（紙玉鉄砲、竹とんぼ、松風ごま、弓矢）、草花の遊び（ササ舟、草笛、草人形、麦わら細工、食べる遊び）、折り紙、石や砂の遊び。 |
| | 生きものにかかわる遊び | セミとり、トンボとり、蛙とり、魚とり、小鳥とり、クモの遊び、地蜂とり、カタツムリの競争、クワガタムシのけんか、トカゲのけんか、なんなんなーらせー。 |

## 八王子お手玉の会

伝承遊びの普及を目的に活動している数多くの団体の中から、東京都の八王子お手玉の会（鈴木幸子代表）を紹介しておきたい。本会は二〇〇四年に結成され、当初は八王子市内外の小学校や児童館での「伝統文化お手玉教室」や「お手玉遊び競技大会」を中心に活動してきたが、対象はやがて、中学生、高校生、大学生、成人、親子、高齢者、台湾の小学生、東日本大震災の被災者等々へと広がっていった。また、ＤＶＤ「ふるさと八王子のお手玉あそび　楽しく技に挑戦」（尾原昭夫監修・撮影、二〇一六年二月）も制作されている。二〇一八年七月に開催されたワークショップ参加者の感想を紹介しておこう。[注15]

・お手玉の会の妙技に圧倒されました。是非、自分でもやってみたいと思えました。周りの方との会話も弾み、子どものように楽しい時間でした。

・お手玉の正しい持ち方、投げ方を教えてもらい、やりやすくなった。二人でやりとりするのはお互いの息を合わせることが大切でうまくいくと楽しい。まわりを見るとみんな夢中でお手玉をしていた。自然と笑顔になりわらべうたと通じるものがあると思う。

・八王子お手玉の会のＤＶＤは、何回も見たのですが、実際に目の前でやって頂き、その迫力と気概、技術のすばらしさに目をみはりました。遊び方ややり方（取得の仕方）など教えて頂き、とても嬉しかったです。少しやり始めて挫折してしまったのですが、是非、また挑戦しようと思います。

本会も所属する「日本のお手玉の会」は一九九二年九月、愛媛県新居浜市で誕生し、今日まで精力的な活動を展開しており、二〇二〇年五月現在、全国各地に三八支部を持つ。詳しくは同会HP(http://www.otedama.jp/index.html)を参照していただきたい。

### ナショナル トム・ソーヤー デイズ

本章の最初に紹介した『トム・ソーヤーの冒険』は、作者のマーク・トウェインが少年時代を過ごした一八五〇年前後のアメリカ南部ミズーリ州セントルイス近郊の町ハンニバルが舞台となっているが、このハンニバルで毎年七月四日のアメリカ独立記念日をはさんだ一週間にわたって開催されるのが「ナショナル トム・ソーヤー デイズ(National Tom Sawyer Days)」である。一九世紀半ば当時の遊びや風俗をお祭りの中で遊んで楽しむことをコンセプトとする行事で、半世紀を超える歴史を持つ。

山本清洋によれば、この行事は約三〇名の実行委員会(毎年全員交代)と約五百名の運営ボランティアで企画・運営されている。主なプログラムは、①フェンス・ペインティング・コンテスト(予選を経て五名による決勝、三〇歳以上の部もあり、評価基準は衣装、持ち物、塗るのにかかった時間、塗り具合)、②蛙とび(ジャンピング)コンテスト(六歳以下の部、七歳以上の部)、③トム&ベッキー・コンテスト（仮装コンテスト）などである。
山本は、日本では一八五〇年代の遊びがそのままのかたちで大きなイベントとして継続されているものをみることや、自治体や地域が一体となって伝承遊びの行事を半世紀にわたって実施し続けている例をみることはまずないとして、この「ナショナル　トム・ソーヤー　デイズ」が継続してきた理由について以下のように推測している。

子どもの遊び社会でコンピューターゲームが盛んになっても、いくらスポーツに人気があっても、子どもの時代には、子どもだけで作られ、自分たちの精神を十分に発揮できる集団や、自分たちで運営できる遊びが、欠くことのできない重要な文化であることを、おとな社会がきちんと自覚し、たいせつにしているからだ。……コンテスト全体を通じて見えるのは、「準備と運営にあたるおとなの心には、いまでも〝トム・ソーヤーの心〟が消えないで残っている」ということです。このような、おとな社会の遊び心と遊びを実行する精神が、子どもの世界に遊びの空間を保証していくための大きなエネルギーとなっていることはまちがいないでしょう。[注16]

『トム・ソーヤーの冒険』に魅かれて、二〇〇一年六月に地元鹿児島で「トム・ソーヤーの森で遊ぼう会」を結成した山本は、同年ハンニバルを訪れてこの行事の存在を知り、それから何度もこの行事に参加して、地元での活動に反映させていった。そして二〇二〇年三月、山本は「NPO法人日本子どもと伝承遊び学会」を組織して、新たな〈種子〉を蒔いた。同学会の案内リーフレットには、カーソンの次の言葉が紹介されている。「子どもたちがであう事実のひとつひとつが、やがて知識や知恵を生みだす種子だとしたら、さまざまな情緒やゆたかな感受性は、やがてこの種子をはぐくむ肥沃な土壌です[注17]」。

**注**

1 『トム・ソーヤーの冒険』上（石井桃子訳）岩波少年文庫 一九五二年 四〇ページ

2 加用文男『子ども心と秋の空 保育のなかの遊び論』ひとなる書房 一九九〇年 二三五 - 二三六ページ

3 同右 二三六 - 二三七ページ

4 レイチェル・カーソン『センス・オブ・ワンダー』新潮社 一九九六年 八 - 一〇ページ

5 加用文男『子どもの心的世界のゆらぎと発達 表象発達をめぐる不思議』（木下孝司・加藤義信との共編著）ミネルヴァ書房 二〇一一年 一一〇 - 一一一ページ

6 同書における「表象」の定義は以下の通り。「私たち人間は、他の動物と同じように身体を通して世界と直接関わるだけでなく、世界をイメージやことばや記号に置き換え、もう一つの別の世界を心のなかに立ち上げて、これを媒介に現実世界に働きかけて生きています。表象とは、このようにして立ち上がった心の世界の全体やその働きを指すと考えてください」。加用前掲 i ページ

7 同右 一〇四 - 一〇五ページ

8 『トム・ソーヤーの冒険』上、三五ページ

9　加用二〇一一　一〇五ページ
10　矢野智司『意味が躍動する生とは何か　遊ぶ子どもの人間学』世織書房　二〇〇六年　一〇五ページ
11　同右　八五ページ
12　同右　八六ページ
13　矢野智司「解説」、藤本浩之輔『子どもの育ちを考える』久山社　二〇〇一年　一一〇‐一一一ページ
14　藤本浩之輔「遊びの世界」、藤本編著『子どものコスモロジー　教育人類学と子ども文化』人文書院　一九九六年　四四ページ
15　うたとかたりのネットワーク（代表・鵜野祐介）「うたかたネット通信」第11号（2018/08/01）より。
16　山本清洋『トム・ソーヤーからの贈りもの①こんなふうに遊んでた！』玉川大学出版部　二〇〇八年　九六および一〇二ページ
17　カーソン『センス・オブ・ワンダー』二四ページ

# 第9章　自然に触れる

## 教育と超越

前章で紹介した藤本浩之輔の師・蜂屋慶は、一九八〇年代半ばに発表した論考において、「人間は〝技術の世界〟に住むものである、しかし、同時に〝超越の世界〟をもつものである。人間が超越の世界をもつことを忘れて、〝技術の世界にのみ住むもの〟として、子どもを教育していることに、教育荒廃の真の原因があるのではないだろうか」として、超越の世界をもつこと、もしくは超越の世界に触れることの意義を説いている。[注1]

蜂屋はスペインの哲学者オルテガの言葉、「人間とは、よく生きることを希って、余分なものを作り出す存在である」を引き、人間であること・よく在ること・技術をもつこと、の三つは一つのことであり、「技術をもつもの、それが人間である」という「技術的存在」としての人間観を紹介する。[注2]そして技術の世界は、環境に働きかけて〝もの〟を創り出す世界であるがゆえに、技術の世界に住むものである人間は「環境的存在」であるとも言えるとした上で、「環境をもつことは、同時に、環境の向う側をもつことである」として、この「向う側として環境を超えている世界」が「超越の世界」であると蜂屋は規定した。

見ることも聞くことも、手で触れることもできない超越の世界があることは、心の中で〝信じる〟よりほかない。……日常の世界の向うにあって、人間の力ではどうにもならない世界、非日常の世界が超越の世界である。……技術の世界である〝この世〟に生きていることは、同時に、その向う側にある世界、〝あの世〟をもっていることである。[注3]

技術の世界は、日常の世界である、人間が力をつくして目的を実現する世界、〝俗〟の世界である。超越の世界は、非日常の世界である、人間の力ではどうにもならない世界、〝聖〟なる世界である。俗の世界で目的を達成するためには、人間は環境を原因－結果の論理によってとらえる。聖なる世界にふれたときには、人間のとらえた原因－結果の関係が現実になるには、〝縁〟といわれる無数の条件、自分を超える力、が働いていることの不思議さに打たれる。ときには、ねがいを打砕かれて怖れ戦く、ときには、思いのほかの好結果を得てカミに感謝する。……教育の第三のはたらき、第三の目的は、子どもをして超越の世界に触れさせること、である。[注4]

その上で蜂屋は、子どもをして超越の世界に触れさせるための方法として、「回心」「象徴」

「集団」「自己表現」「遊び」「自然」の六つを挙げ、「自然」と超越の世界との関係について次のように述べている。

技術の世界においては、自然は、人間が働きかける対象である。人間は自然を材料にして、道具や機械をつくり〝もの〟をつくる。科学・技術の急激な進歩は、人間が自然を思いのままに利用できるかのような錯覚を私たちに与えている。しかし、まだまだ、自然は人間の力をはるかに超えている。台風、地震、海流などを自由にコントロールすることはできない。それどころか、可憐に咲く一本の菫すら人間の技術では造ることができない。……私たちは人工の環境を出て生《なま》の自然に直接に触れることによって、人間の力の限界を知り超越の世界に触れることができる。……

……自然の中に自分の身を置くとき、私たちは、その向う側に超越の世界があることを確信し、感動する。それは夕日の美しさ、小鳥のさえずり、小川のせせらぎであるかもしれない。それらを通して、その向うにある世界を感じとることができる。よく生きるための素材としてのみ自然をみることを止めるとき、自然は自らの相《すがた》を通して、超越の世界があること、超越の世界に人間の生が支えられていること、を私たちに告げる。[注5]

## 遊びと仕事の村

自然に触れることの意義については同意できたとして、それではただ闇雲に子どもたちを野山や川や海辺に連れていって「自分の好きなように過ごしなさい」と放り出せばいいかというと、そうではあるまい。藤本浩之輔は次のように指摘する。「いまの子どもたちの生活時間調査などをしてみると、放課後外に出て遊ぶ時間が極端に少なくなっているし、自分のまわりにある自然について無知・無関心になっている。キャンプや山登りなどにも興味を示さなくなっているといわれる。しかしそれは、体験不足に由来するイメージと感動の欠落が原因である。要は、自然との出会いをどう仕掛けるかである[注6]」。

子どもたちが自然と出会うための「仕掛け」として、藤本は一九七七年の秋、大阪府と奈良県の境にある生駒山地の一画に「遊びと仕事の村」を開設し、九五年に亡くなる直前まで活動をおこなった。その名称は、「自然にふれる遊びと仕事を活動の二本柱にし、子どもたちの生活の中にその二つを意識的、計画的に取り返そうというねらい」に由来する[注7]。

村といっても、そこに住みこむわけではない。山小屋（掘っ立て小屋）付きの五百坪ほどの山林を無償貸与された場所に子どもたちと出かけ、「仕事」をしたり遊んだりするのである。メンバーは小学校四年生から六年生までを中心として約二〇名、原則として毎月一回、日帰りの場合もあれば、一泊二日の場合もある。夏休みなど長期休暇には数日間のキャンプをする。『仕事』の内容は、この村での生活に必要なものを自分たちの手で作りだすこと、具体的には、畑の開墾、作物づくり、山小屋の施設づくり、遊び道具づくりなどである。一方、「遊び」にはこの村で作ったブランコや竹馬などの遊具を使ったもの以外に、草花遊び、木登り、絶壁登り・滑り降り、山歩きなどが含まれる。

「遊びと仕事の村」の特徴を、「いのちのレッスン」としての「自然に触れる」という観点から見ると二つある。第一には、長年にわたって伝承されてきた遊びや仕事の技術や知識を子どもたちに伝授し体験させることを通して、そうした技術や知識を発揮するための素材となり土台となっている自然に触れさせるという、自然への働きかけの「仕掛け」である。シロツメグサやレンゲで花冠を編み、わらで縄をなうことで、それぞれの植物のしなやかさや香りを知ることができる。

　そして第二には、野山を歩き回ったり、夜、山小屋のいろりを囲んで過ごしたり影法師の踏みあいっこをしたりする中で、子どもたち各自が自然からの働きかけを受けとめる場（時空間）を確保するという「仕掛け」である。自然への働きかけと、自然からの働きかけ、両方の「仕掛け」の相乗効果によって、この村での体験は子どもたちにとって、かけがえのない「いのちのレッスン」となっていったと考えられる。

　影法師がくっきり映るので、皆で影踏みを始める。怖さと寒さのため、初めは夜の山道を歩くのを怖がっていた子どもも、キャッキャッと騒ぎながら月明りの中を駆け回り始めた。

体が暖かくなり、額が汗ばみ、呼吸がはずんできた。影を踏もう、影を踏まれまい、ただそれだけに夢中になっていった。そこには、夜ふけだという時間も、淋しい山の中だという場所もなかった。むろん、家庭も、塾も、学校もなかった。ただひたすら、月の光の中を駆けることだけであった。その時、まさに、子どもたちは超越の世界における住人だったのだと思う。[注8]

## 驚嘆の感覚

子どもが「自然に触れる」時、子どもの内面世界（ミクロコスモス）にはどのような事態が起こり、その体験はその後の人生にどのような影響を与える（可能性を持つ）のだろうか。「エコロジー（生態学）」の視点からその仕組みを解き明かそうとしたのが、イディス・コッブの『イマジネーションの生態学』である。コッブは「エコロジー」について、「生きている有機体とその環境全体との間の互恵関係」「生きている相互依存組織としての有機体同士の互助関係」[注9]と見ているが、その上で、子どもは自然の新しい事象と出会う時、「驚嘆の感覚」すなわち〈ふしぎがり〉を体験するとして、次のように言う。

驚嘆は、なによりもまず、新しい経験に対する反応である……。驚嘆は、それ自体、実現するという期待の一種である。子供《ママ》がびっくりしたり、喜んだりするときに発揮する驚嘆の感覚は、「もっと出てくる」とか、あるいは、より適切には、「もっとできる」といった見込みをもたらすような、ある何らかの外的刺激の不可思議さに対する反応――つまり、既知・未知のものに、知覚を通して参与しようとする能力――として生じるのである。[注10]

そしてこの自己と世界とに対する喜びと驚きは、赤ん坊が自分の視野の中に自らの両手を発見したり、そこに再び両手が現れたりするのを歓喜したりする瞬間において既に見出せるが、同時に、宇宙的なものの感知として現われるものでもある。

事実、驚嘆は、どのような言語においても疑問を起こす段階においては宇宙感覚であり、また、探求することの原初形態は、子供が発する宇宙に対する質問に非常によく似ている。哲学者にあっても、子供にあっても、宇宙について問う目的は、外の世界から自己にたいしてなされるある種の反射作用を、知覚によってあるいは言語によって獲得することである。

……

子供の環境は、環境の刺激によって自分自身の体に送りもどされる情報から成っている。この感応性は、機能する有機体として、子供が有するあらゆる段階を含んでいる。子供の体がもつ環境とのあらゆる関係は、この意味で自然的である。自然科学での、相互関係、つまり、生きている有機体とその環境との間にみられる適応的なやりとりは、個々の有機体のエコロジーを代表している。この意味で、生命とは、環境との間の相互的・機能的なやりとり、あるいは、交わりの問題なのである。注11

以上を本書の文脈に置き換えるなら、「驚嘆の感覚」は子どもにとって、いのち（生命）というものが自分と自分を取り巻くさまざまな自然（環境）との相互的・機能的なやりとりや交わりによって成り立っていることを知るきっかけとなるものであると言えるだろう。その上でコップは、「驚嘆の感覚」をきっかけとして生まれる、自然とつながっているというエコロジカルな感覚は、真の共感を伴った謙虚な知性、すなわち他者性を理解し、分ちあうという「一体感」を認める謙虚な態度を育むという可能性を開くものであるとして、すべての人間が子どもや詩人のようになること、つまり「驚嘆の感覚」をもって自然に触れることの意義を説くのである。まど・みちおの次の詩を思い浮かべてみてもいい。

「地球の用事」　まど・みちお

ビーズつなぎの　手から　おちた
赤いビーズ

指さきから　ひざへ
ひざから　ざぶとんへ
ざぶとんから　たたみへ
ひくい　ほうへ
ひくい　ほうへと
かけて　いって
たたみの　すみの　こげあなに
はいって　とまった

いわれた　とおりの　道を
ちゃんと　かけて
いわれた　とおりの　ところへ
ちゃんと　来ました
と　いうように
いま　あんしんした　顔で
光って　いる

ああ　こんなに　小さな
ちびちゃんを
ここまで　走らせた
地球の　用事は
なんだったのだろう[注12]

## 森のようちえん

本書の読者の中には保育や幼児教育の専門職に就いておられる方やこの道を目ざしている学生さんも多いことと思われる。そうした方がたの中には、「自然に触れる」×「いのちのレッスン」＝「森のようちえん」という数式（？）が思い浮かんだ方も多いのではなかろうか。今回、今村光章編著『森のようちえん　自然のなかで子育てを』を紹介するが、その定義と分類、ひらがなで「ようちえん」と記す理由、世界と日本における歴史とそれぞれの特徴、全国各地の具体的な活動などについては省略し、ここでは「いのちのレッスン」という本書のテーマにかかわる「6．森のようちえんの意義を考える」に絞って取りあげてみたい。主に以下の三つの意義があると今村はいう。

①森は最高の保育現場…自由な時空と無制約なかかわり

・森のようちえんには、保育者の意図と計画を超える空間がある。

・森のようちえんは、ゆっくりとした時間を大切にする。

・森のようちえんの保育者は、子どもの自由を大切にする。

②遊びこむ体験への扉をひらく…溶解体験で世界と一つになる経験

・夢中になっている状況を「遊びこんでいる」と表現する。

・遊びこむと、他者と自分の境界や世界と自分との境界がとろけてしまう。

・遊びこむ体験は、他者との一体感、世界との一体感として経験される。

・溶解体験は、「無制限な時空と無制約なかかわり」がある森のほうが起こりやすい。

・溶解体験が持つ意味は、他者や世界とつながっているという「つながりの意識感覚（共在感覚）」を持つことにある。

③人間になる教育と「動物性」を再認識する教育

・森での豊かさは、産業社会の「所有の豊かさ」とは異なる「存在の豊かさ」といえる。

・教育には「人間にする教育」と「動物性を取り戻す教育」がある。

・学校教育が意識的に避けてきた「動物性」が人間のうちに備わっていることを再認識する

ことが、今日重要になりつつある。

・人間が自然のなかで生きているという意味での「動物性」、人間の一生が生きものと同じような過程を経るという意味での「動物性」、二つの「動物性」を人間は生きている。

・「動物性」を否定したことをもう一度「否定」して「動物性」の次元へと回帰しようとする「脱人間化」の「至高体験」の契機もある。

・自然とのつながりのなかで生きていることを自覚し、自分の人生も動物と同じような過程を経ることを悟り、有用性の世界だけで生きているのではないと理解し、世界との一体感を得るという意味での「動物性の再認識」が必要である。

・森のようちえんは、「動物性」を認識するという意味での体験の意義を持っている。

以上、要点を箇条書きしたにすぎないが、「森のようちえん」のコンセプトが、前章や本章でこれまでみてきた蜂屋、藤本、コップの議論に登場したキーワード、「溶解体験」「超越」「一体感」などと響き合うものであることが理解されるだろう。ただし今村も言うように、実際に「森のようちえん」に参加してみて、その楽しさを体感するのが一番である。まずは「NPO法人森のようちえん全国ネットワーク連盟」のHPにアクセスすることをお勧めしたい（http://morinoyouchien.org/）。

## 千葉和「遠野エコネット」

「自然に触れる」ことが求められているのは「ようちえん」の子どもだけではない。例えば大学生にとっても貴重な体験となるはずだ。数年前からゼミの学生たちと一緒に夏休みに二泊三日で岩手県遠野市への研修旅行をおこなっているが、現地でお世話になっているのが民話の語り部・大平《おおだいら》悦子と、早池峰山のガイドをしている千葉和《なごむ》である。遠野管区の営林署に長年勤務していた千葉は、NPO法人「遠野エコネット」を立ち上げて、子どもから高齢者まで、観光客も地元住民も対象に、早池峰山をはじめ遠野の自然と歴史、人びとの暮らしや芸能・信仰などを紹介する活動を主宰している。ぼくのフィールドノーツから抜粋してみたい。

(二〇一八年九月三日)午前九時、馬留《うまどめ》で千葉さんと落ち合い、早池峰山麓の「又一《またいち》の滝」へ案内していただいた。小一時間、ブナとナラの茂る林を歩く。途中数か所、沢を渡ろうとして、足を滑らせて靴を濡らす者も……。咲いている花の名前を「トリカブト」、「大文字花」などと教えていただく。スギゴケの緑が前日の雨でひときわ鮮やかだ。

一〇時、滝に到着。飢饉の時、遠野の人びとはこの滝をめざしたという。花崗岩の明るい茶色の岩が巨大な滑り台のように聳え立ち、豊かな水量の水がしぶきをあげて落ちてくる。滝壺は思いの外浅く、何人もが一度に入水自殺したというイメージは湧かない。むしろ山伏の滝行に相応しい。「こんなにはるか遠くまで、餓死寸前の人びとはたどり着けたのでしょうか」とある学生が呟いた。ここにたどり着く途中で力尽き息絶えた者は数知れないことだろう。「明日は蓮華の花盛り」とお手玉唄「おっつう御ひとつ」に歌われたように、人びとは極楽浄土を夢見ながら絶命することを本望としたのだろうか。[注13]……

倒れたブナやナラの老木が朽ち、そこからコケや虫や粘菌が生まれ出るように、人間の屍もまた新たな命の揺籃となった。早池峰の聖域なればこそ、自然の理に信仰の裏付けが伴った。たとえ滝までたどり着けなかったとしても、聖なる早池峰の懐に抱かれて瞑ることができたなら、それで本望だったのではないか。修験者が命がけで山やまをめぐり滝行に励んだのも頷ける気がする。早池峰の女神の「羊水」としての又一の滝……。

二〇分余りで下山し、一一時に馬留を出発。車で約一〇分走り、「遠野最北の民家」と自称される千葉さんの手作り家屋を訪ねる。奥様にご挨拶し、コンポストトイレをお借りし、トンボが群舞する無農薬栽培の田畑を見学した後、エコロジスト千葉さんの話を伺い、自作の歌（ギター伴奏付き）を聴く。……

翌年（二〇一九年）は悪天候のため「又一の滝」を断念し、その代わりに早池峰神社脇の集会所で早池峰神楽の舞のワークショップをお願いした。最後に衣装をつけて記念撮影。二年連続で参加したある学生は、「又一の滝も神楽も、どちらも捨てがたい」と唸った。「自然に触れる」とは、自然とともに生きてきた人びとの生業《なりわい》や信仰《いのり》に触れることでもあるだろう。

「遠野エコネット」では、小学生を対象に毎月一回土曜日に「森のデイキャンプ『おひさまのねっこ』」を開催している。「森のたんけん隊になってみたり、田んぼでどろんこあそびをしたり、自分たちでお米をつくって食べてみたり……大自然の中でたくさんの生き物たちと一緒に、ゆったり、わくわく、どきどきの時間をすごしてみよう！[注14]」

興味を持たれた方は「遠野エコネット」のＨＰ（http://tono-econet.org/）をぜひ検索してみていただきたい。

## サウンドスケープとサウンド・エデュケーション

自然に触れる際の「回路」、つまりどのようにして自然に触れるのかを考えてみると、目（視覚）、手の指・手のひら・肌（触覚）、鼻（嗅覚）、舌（味覚）と並んで、耳（聴覚）が挙げられる。この「耳で触れる自然」にこだわり、「サウンドスケープ」という概念を提起しこれに基づく実践を手がけているのが、カナダの作曲家マリー・シェーファーである。

カーソンの『沈黙の春』が一九六二年に出版され、北米を中心に環境問題への社会的関心が高まっていた一九六八年、それまで前衛的な音楽作品を数多く発表していたシェーファーは、当時所属していたヴァンクーヴァーの大学の新設コミュニケーション学部で騒音公害をテーマに取りあげる。騒音への関心はやがて人間と音環境との関係全般へと拡大し、「世界サウンドスケープ・プロジェクト」を設立して、数年間にわたって世界の音環境の調査研究を組織的に展開していったが、その成果を『世界の調律』（一九七七年、日本語版一九八七年）にまとめる。その後、作曲活動の中心とした生活に戻る一方、世界各地でさまざまなワークショップをおこなった。その一つが「サウンド・エデュケーション」である。[注15]

日本にシェーファーと「サウンドスケープ」概念を紹介した鳥越けい子は、『世界の調律』の序章に、本書第3章で紹介したソローの名前が出てくることを挙げ、シェーファーが、一九七五年以降ヴァンクーヴァーを離れてオンタリオ州の森の中で開拓民の建てた家を改修して住んでいることをはじめ、ソローから強い影響を受けていると指摘する。

ここでシェーファーが主張しているのは……これまで「音楽」や「音楽活動」というと、「歌や楽器によって楽曲を演奏して演奏者や作曲家の内なる世界を表現する活動」とされてきた。そういう活動が「音楽」であることは言うまでもないが、現代においてはさらに、私たちを取り巻く音の世界を聴くという行為そのものにも「音楽」の活動やその概念を拡げることができる（拡げたほうがいい）のではないか。……これからは、ソローのように周囲の音を「美的に聴き込み、音楽として成立させる聴取の行為そのもの」にも「音楽活動」を認めていきたい。そのひとつの結果として、地球のさまざまな音環境を「マクロコスモス的な音楽作品」としてとらえていくサウンドスケープという考え方を、ここに提唱したい、といったことなのです。[注16]

シェーファーと今田匡彦の共著『音さがしの本　リトル・サウンド・エデュケーション』は、十歳から十二歳の子どもたちにふさわしいと考える本で、子どもたちが自分たちで音を聞いたり、考えたり、作ったりするための問題集である。[注17]ここに挙げられた百問のエクササイズの中からいくつか紹介しておきたい。

16　日記への、少し違う質問。――あなたが生まれてから、最初に聞いた音をおぼえている？

79　みんなよりもずっと年長の人、できればみんなのお父さんやお母さんよりももっともっと年上の人に、昔、若かったころに聞いた音について、話をしてもらおう。その音は、今あなたが聞いている音とはぜんぜん違うかもしれない。その音のリストを作って、クラスで話し合ってみよう。

81　新しい音も忘れてはいけない。今まで一度も聞いたことがないような新しい音が、毎日作られている。このごろ聞きはじめた音をいくつ知っているかな？

82　今の世界は、いつだってとてもうるさい。いくつかの音は、わたしたちの耳をとても傷つける。そういう音があまりにもうるさくなってしまうと、ちょっとむずかしい言葉だけれど「騒音公害」と呼ばれるようになる。これは今日の重大な問題だ。だって、空気や水の公害と同じように、みんなの健康にとってよくないんだから。どんな音が、あなたの耳を傷つけていると思う？

ところで、鳥越によれば、シェーファーが「ランドスケープ」から「サウンドスケープ」という言葉をつくったのは、本来は五感全体あるいはそれらすべてを統合した全身感覚によって把握されている「ランドスケープ＝風景」や「環境」が、近代においてもっぱら「視覚」を中心に論じられるようになってしまったという情況に対して、最終的には「全身感覚の復権」をめざし、その切り口として「聴覚」を利用しようと、「サウンド」を「スケープ」に組み合わせたのだとされる。また、シェーファー自身、さまざまな形で「耳を超えた音」のことを語っているという。[注18]

このような着想に基づいて鳥越は、「五感の音楽」を提唱しマルチメディア・アートを展開している佐藤慶子のワークショップ「響きの歌」――耳の不自由な子どもたちと音楽を楽しむ――を紹介している。「実際には（「まつげで音を感じる」など）ろうの人びとならではの多様な音の感じ方、楽しみ方があるのに、そうした感性を伸ばす機会があまりにも少ない」ことから佐藤は「響きの歌」を始めたのだという。鳥越もまた、音の世界というのは耳だけで感じるものではな

く、五感全体、身体全体で関わるべき世界だと考えている。[注19]

本書第7章で藤岡扶美の「手話うたパフォーマンスコンサート」を紹介したが、シェーファーの「全身感覚の復権」や佐藤の「五感の音楽」といった考え方と合わせて、ろう者や盲者にとっての、自然や世界に「触れる」ことの意味と方法に関する現状と可能性について、今後さらに考えていきたい。

**注**

1　蜂屋慶「教育と超越」、蜂屋編著『教育と超越』玉川大学出版局　一九八五年　一一ページ
2　同右　一三ページ
3　同右　一九ページ
4　同右　二四ページ。なお、教育の第一の目的は「子どもに既存の技術を教え学びとらせること」、第二の目的は「子どもの学習性・協力性・創造性を育てること」とする。
5　同右　三九‐四〇ページ
6　藤本浩之輔『子どもの育ちを考える　遊び・自然・文化』久山社　二〇〇一年　三八ページ
7　同右　三五ページ。および藤本「遊びにおける超越」、蜂屋編著『教育と超越』収載、一八〇‐一八八ページを参照。
8　藤本「遊びにおける超越」一八八ページ
9　イディス・コッブ（黒坂三和子他訳）『イマジネーションの生態学』思索社　一九八六年　三二ページ
10　同右　三六ページ
11　同右　三七‐三八ページ
12　まど・みちお『いのちのうた　まど・みちお詩集』ハ

ルキ文庫　二〇一一年　一九〇 - 一九一ページ
13 伊丹政太郎『遠野のわらべ唄』岩波書店　一九九二年
三〇ページを参照。
14 二〇一八年度「森のデイキャンプ『おひさまのねっこ』」案内チラシより
15 R・マリー・シェーファー（鳥越けい子他訳）『サウンド・エデュケーション』春秋社　一九九二年
一六一 - 一六四ページを参照。
16 鳥越けい子『サウンドスケープの詩学　フィールド篇』春秋社　二〇〇八年　一四六ページ
17 シェーファー・今田匡彦『音さがしの本　リトル・サウンド・エデュケーション』春秋社　一九九六年
18 鳥越前掲　一五八ページ
19 同右　二七〇ページ

# 第10章　地域の人びとと交わる——まつり・年中行事

子どもが地域の人びとと交わる機会は、園や学校への登下校、買い物、家の周りの道路や公園などでの遊びといった「日常」の時間におけるものと、地域で行われる祭りや年中行事といった「非日常」の時間におけるものに大別されるが、ここでは後者の、祭りや年中行事を通して子どもたちが地域の人びとと交わる中で「いのちのレッスン」がおこなわれる様子を見ていくことにしたい。

## 狐狩り

前章で紹介した藤本「遊びにおける超越」（一九八五年）に、大阪府の北端に位置する能勢町に伝わる子どもの年中行事「狐狩り《がえ》」が紹介されている。

狐狩りは、一月十四日の午後、四年生以下の小学生によって行われる行事で、子どもたちは、長い青竹の先につき刺したわら細工の狐を先頭にかかげ、手に手に小さな御幣をもって、部落内の家を一軒一軒おとずれる。家に着くと、狐を持った子（狐持ち）と祝儀をもらう子（金持ち）が中に入って行き、残りの子どもたちは、庭先で幣を振りながら、太鼓に合わせて次のような歌をうたう。

われは何をするぞいやい　狐狩りをするぞいやい
狐のすしを幾桶つけて　七桶ながら
えい、えい、ばっさりこ
貧乏狐追い出せ　福狐追い込め

一種独特の節まわしで二回くり返すと、祝儀がでる。「金持ち」は、お返しに御幣の切れ端を、福紙だといってわたす。こうして、部落内の全部の家で狐狩りをし、最後に、部落を貫流する川の一番上にある狐橋からわら狐を流して、区長さんの家にひきあげる。区長さんの家では、おしるこやお菓子をごちそうになり、祝儀を平等に分配してもらう。

ところで、この狐狩りの由来はさだかではないが、年頭に当たって家々の厄を祓い、一年の幸福を祈念する行事とみてよいだろう。注1

ぼくも二〇〇六年から数年にわたってこの行事の調査をおこなったが、「年中行事と子どもとの関係性」という観点から整理してみると、「I．年中行事に際しての地域の大人たちの子ども観」として、A．神の依代としての聖なる存在、B．普段とは異なり自律性と責任感を持つ存在、C．地域の伝統行事の担い手、という三つがあり、また「II．子ども自身にとっての年中行事の意味」として、A．大自然の中で地域の人びとと共に生きている自分に気づく、B．子ども集団として自律的に行動し大人の期待に応える、C．非合理の世界（超越の世界）につながっていく、の三つがあると考えられる。[注2] このうち、II－Cについては藤本が次のように記している。

ところで、子どもたちに、わら狐や狐狩りの歌がほんとうに災厄を祓うと思うかとたずねたら、たぶん首をひねって苦笑するにちがいない。迷信だという子どももいるかもしれない。科学的合理主義からすれば、これらの行事は不合理なことであろう。が、考えてみれば、日常生活の中には、科学や技術では解決できないし、説明もできない不合理がいっぱいあることも事実である。人間の生死、病魔、事故、災害、といったことをちょっと考えてみれば、われわれの生の一寸先は闇という現実がある。いや、科学技術が発展すればする程、闇が深くなるという事実さえある。科学的合理主義は不合理を笑うことはできない。そればかりか、われわれは不合理を媒介にして、非合理の世界――つまり合理も超え、不合理も超えた世界――につながってゆくところがある。

狐狩りの子どもたちは、無心に歌をうたいながら、凍てついた大自然の中を歩いて行く。

こうして彼らは、村の人々と共に生きることを意識し、祖父（「父祖」の誤りか：筆者注）の地を感じる。そして、日常とは異なった価値と美の世界につながってゆく。つまり、超越の世界につながってゆくのである。注3

ここに列挙した項目の大半は、民俗学的な子ども論を扱った幾多の先行研究の中ですでに言及されてきたものであり、「前近代的な社会における子ども観」として格段目新しいものではない。だがその行事が二一世紀初頭の大阪で今も継承されているとなれば、その意味合いは違ってくる。今日の子どもにとっての祭りや年中行事の意味とは何だろうか。

## 野外文化活動としての祭りと年中行事

「野外文化活動」（Activities of Fundamental Life）という概念がある。これは「自然と共に生きる心身を培い、社会生活の基本的な行動や様式を習得するための身体活動」との定義が与えられるものであるが、森田勇造によれば、野外文化の習得のしかたの特性によって「I．自然と生活」「II．野外運動」「III．歴史と伝統」の三項目にまとめられるという。さらに、I．は「1．自然観察」「2．農林水産業体験」「3．野外生活」、II．は「4．長距離歩行」「5．野外遊び」、III．は「6．祭《ママ》と年中行事」「7．地域踏査」からなる。

野外文化活動としての祭りと年中行事の意味について、森田は次のように述べる。

祭りは、地域社会や集団の希望や願い、あるいは感謝を形にして行動するものである。しかも一人一人が主人公でいろいろな役目を負い、異年齢集団の社会総出で自主的に行なわれるもので、非日常的（ハレ）の特別な時間から生み出される行事である。……

祭りには堅苦しい「儀式」による緊張と、みんなで楽しく雑談したり、歌ったり、踊ったり、食べたりして、異年齢や同年齢の人間集団の「お祭さわぎ」による開放とがある。何より祭りの社会的意義は、集団の団結を強くすることでもある。

年中行事は、もともと農作業などの生産労働における区切りで、年間の節目や折り目に神を迎え祭ることであった。祭りと違うのは、主に家ごとの単位で行なわれる点である。しかし、村や一族などの集団においても行なわれるので、大まかには共通している。

年中行事は、もともと生産活動に則ったものであり、一年を通じての労働過程の中で、休養的なハレの部分が浮かび上がったもので、自然環境によって培われた地域の風土に即しつつ形成されたものである。[注4]

その上で森田は、「青少年教育」の観点から、祭りや年中行事に参加することのねらいを五点挙げる。（1）文化伝承の場、（2）社会性の向上、（3）自主性の開発、（4）向上心の開発、

（5）祭り情調の体験。少々「教育臭」が強い気がするが、（5）を説明した以下の一文には、前述の「超越の世界に触れる体験」に近似する指摘が見られる。

笛の音が耳の奥に残り、太鼓の音が心のリズムをかきたて、みこしを担ぐ人々の動きが肉体の高まりを促し、祭りの情調が脳裏に深く刻まれる。そして、仲間との共通体験の快感が友情と協調性の成果としていつまでも思い出の世界に残る。

自分の体験を通じた祭りや年中行事という非日常的な行事の中で陶酔する現象は、情操、故郷感、季節感を育み、体力を培い、社会性を向上させるものである。[注5]

## 「大文字の送り火」

『北白川こども風土記』（一九五九年）に、小学四年生の近藤勝重君が書いた「大文字の送り火」という一文が収められている。

今日は八月十六日で、晩には大文字の送り火が行われる日だ。四時ごろからぼくはこの送り火のようすを見るため、二－三人の友だちと、大文字山へ登ることにした。この山は東山の北のはしにあって、如意が岳というのだが、昔からおぼんの十六日には、大文字の送り火がたかれるので、ふつう大文字山とよんでいる。

銀閣寺の門を少し過ぎたところに、テントが張ってあって、その中にはまきが山のように積んであった。そのテントの前には、数人の人が筆でまきに名前を書いていた。このまきを、「ごま木」といって人間の心の中にある悪魔を焼きつくしたり、病気をおいはらったりするという意味があるそうだ。だから人々は、自分の体が病気にかからないで、いつも健康であるようにとお祈りするために、ごま木に名前を書いているのだろう。……

だんだん夕方になって太陽が西山の方にかくれそうになると、雲のふちが赤く染まりとても美しい夕やけ空になった。ぼくは、おじさんたちがせっせとごま木を積んでいる所を注意して見ながら、質問した。「おじさん、ごま木は、赤松やないとあかんの。」「昔は、くぬぎもまぜてもやしたこともあるけど、いつまでもだらだら燃えているさかい今では赤松だけや。なんで言うたら赤松は、さっともえて、同時にさっと消えるからや。」……「大文字で燃やすごま木は、みんなで何束ぐらいいるの。」「そうやなあ…五百束はいるなあ。」「そんなやったら、ずいぶんお金がいるなあおじさん。」「そうや、ごま木代やなんやかんやで、送り火をするために、ざっと二十万円はいることになっとるんや。」

ぼくは、一晩の送り火のために、二十万円もいると聞いてびっくりした。その費用は、市や観光連盟、それに地元で出し合うことになっているそうだ。……

いよいよ八時だ。ぼくは胸がどきどきしてきた。京都の町のネオンは一つ一つ消えていった。その時、一人のおじいさんが麦わらをたばねた長い竹竿のさきに火をつけるが早いか、大きく左右にふって合図をされた。それと同時におじいさんは大声で、「一文字よいかあー字頭よいかあー　北の流れよいかあー　南の流れよいかあー。」と大声で方々の火床へ合図をされた。

すると、どの火床にもいっせいに火がつけられた。火がつけられると同時に御堂の方からほらがいの音が「ボーボー」と聞えた。これも合図のためだろう。今年は、送り火の時刻には京都の寺々の鐘がなって、合図をするようになっていたのに、山の上までは聞えなかった。火は、化物のように、音を立ててものすごい勢いで燃え出したので、あたりが急に明かるくなって人々の顔が赤々と見えた。……

大文字の送り火がすんで数日たったある晩、浄土寺銀閣寺町に住んでおられる、中村九右衛門という人の家へ、大文字の送り火について昔からの言い伝えを聞きにいった。この人は、この間大文字の送り火の時に火つけの合図をされたおじいさんだ。九右衛門さんは、もう八〇才にもなるおじいさんだが、とても元気そうだった。……

ざしきへ上がると九右衛門さんは、おくから古ぼけた昔の書物らしいものを三－四冊持ってきてひろげながら、「なあぼん、これは今から百年も前のもんで大文字の送り火のことがいちいち書きとめられているんや。よそにはこんな記録はないさかい大事なもんや。」と言われた。……

「おじいさん大文字の送り火はいつごろからだれが始めはったんですか。」「いろいろ伝説があるけんど、今ではどれがたしかということはわからへんにゃ。しかしなあ地元の人たちは弘法大師が平安時代ごろからはじめはったという伝説を信んじているんや。」と言われた。

……

それから、太平洋戦争中の昭和十八年から三年間ほどは、送り火もとだえてしまった。しかし送り火がともされない時はどうしたかというと、地元の人たちや、小学校の生徒たちが全身真白の服をきて、真昼に大文字山に一文字をつくったそうだ。

もう戦争でもないかぎり大文字の送り火は休まず続けられていくことだろう。[注6]

単にイベントに参加するだけでなく、後日地元のお年寄りの所に取材に行って、それを記録にまとめている。一式範子によれば、「こども風土記」というジャンルは、一九四一年四月一日より一カ月半にわたり朝日新聞紙上に連載された柳田国男の「こども風土記」を嚆矢とし、戦中、戦後、そして高度経済成長以降も全国各地で書き継がれていき、少なくとも一七五件の「こども風土記」が確認されるという。[注7]

その中身は、①子どもたちによって書かれた風土記、②子どもたちについて書かれた風土記、③子どもたちのために書かれた風土記、④子ども時代を回想した風土記、の四種に大別することができるようだが、[注8]特に①のタイプの多くには、地域の祭りや年中行事に子どもたちが参加し、またこれについて調べ学習してまとめた記録が収められていると推測される。高木史人が指摘するように、このような『北白川こども風土記』の調べ学習は、二〇一七年改訂の『小学校学習指導要領』に告示された「総合的な学習の時間」の、とりわけ「地域の人々の暮らし」「伝統と文化など」の学習のさきがけとして評価されるだろう。[注9]

「大文字の送り火」に参加して、「美しい夕やけ空」を仰ぎ、「化物のように、音を立ててものすごい勢いで燃え出した」炎を見つめ、行事を取りしきる地域の人びとの姿を目の当たりにすること、そしてその歴史をお年寄りに尋ねて記録すること、それは京都・東山（北白川）という場所において一千年以上にわたって手渡されてきた「いのちのバトン」を、自ら腕を伸ばして受け取ろうとする行為とも言えるのではないだろうか。

新型コロナウィルス禍により今年（二〇二〇年）の祭りや年中行事が全国で軒並み中止される中で、「大文字の送り火」は規模を縮小してではあるが実施され、ネットでも動画配信された。近藤君が書いたように、この行事には「人間の心の中にある悪魔を焼きつくしたり、病気をおいはらったりするという意味がある[注10]」。それと同時に、お盆の間この世の家族や親しい人たちと一緒に過ごした死者の霊魂をあの世へきちんと送り返す、という意味も持つこの行事を、中止にしたらあかん——。京都の人びとは今も（半分本気で）そう信じているようだ。「非合理の世界」につながることは、子どもにとって大事な「いのちのレッスン」となるのではなかろうか。

**英国シェトランドの火祭り「ジュニア・アッペリアー」**

言うまでもなく、火祭りは世界中にある。次に、英国スコットランド最北の地シェトランド諸島で今日もおこなわれている子どもの火祭り「ジュニア・アッペリアー」を紹介してみたい。「アッペリアー（Up-Helly-Aa）」の概要は以下の通りである。

シェトランドの州都ラーウィックで、毎年一月の最後の火曜日の夜に行われるヴァイキング船を燃やす火祭り。一七名からなる常任委員会が中心となって、毎年歴史やサガ（＝北欧伝説：筆者注）からの人物をテーマとして選び、数か月前から準備をする。当日の夜、ヴァイキング戦士の装いをした人たちとヴァイキング船を先頭に、思い思いの仮装をし、いっせいに点火した一メートル以上もある大きなたいまつを持って、人々はブラスバンドに合わせ「アッペリア・ソング」を歌いながら、所定のコースを行進する。行列は広場に入り、ヴァイキング船を真ん中にして幾重にも取り巻く。「ヴァイキング船の歌」を歌い終えると、チーフの合図にたいまつが次から次へと投げ入れられる。ヴァイキング船はぱっと燃え上がり、炎が高くなってカラスの旗を浮かび上がらせ、黒天を焦がさんばかりになる。船が燃えている間、とりかこんでいる人々は「北欧人のすみか」を歌う。炎が小さくなるころには散会し、ホテルなどいくつかの場所に分かれて一晩中飲み、踊り明かすのである。[注11]

この行事に少年たちが「ピーリー・ガイザー（ちっちゃな仮装者）」として参加し、日本の「子ども神輿《みこし》」のように、小ぶりのヴァイキング船を曳いて、たいまつを掲げて行進し、最後に燃やすという「ジュニア・アッペリアー」をおこなうようになったのは一八五〇年代に遡るという。以来、今日までの一六〇年余りの間、二度の世界大戦や戦後不況、教育改革に伴う学校（教師）の撤退など、さまざまな困難を乗り越えて続けられてきた。

子どもにとってこの行事が持つ意味について、別の論稿に「生きる力」と関わらせて以下の三つにまとめたのでここに転載する。

①つながる（タテ・ヨコ・ナナメの関係性）

自身がピーリー・ガイザーとシニア・ガイザーを体験した『小さな仮装者たち』の著者レズリーは、父親から息子へ、そしてまたその息子へと、仮装の衣装や用具の作り方、歌や隊列の組み方、そしてガイザーとしての気概が引き継がれていくタテのつながりを、「たいまつを灯し続けること」と呼んでその意義を強調している。さらに言えば、数百年、数千年に遡るこの町やこの諸島の父祖たち、はるかな海を越えてやって来たノール人の父祖たちとも、この祭りを通してつながることができるのだろう。

また、同じチームを組む仲間とのヨコのつながりは、時には諍いや絶交も経験しながら、一つの目標に向かって励まし合い進んでいく中で、次第に強まっていくに違いない。そしてさらに、ガイザーやピーリー・ガイザーを経験した、近所に住む大人たちとの交流も、ナナメのつながりとして見逃せない。少年たちは年長のおじさんやおじいさんにたいまつの作り方を教わりながら、ピーリー・ガイザーとしての心構えも学ぶ。大人の側も、少年たちと真剣に向き合い、将来の祭りの成功を彼らに託す。タテ・ヨコ・ナナメ、これらのつながりが支えとなってピーリー・ガイザーたちは、悪天候をはじめどんなに困難な状況におかれても、それでも上を向いて歩き出すことができたのだろう。

②分かち合う（相互主体性）

祭りを成功させるためには、さまざまな力が必要となる。お金も時間も人手もかかる。強いリーダーシップや統率力はもちろん必要だが、それぞれの立場で自分にできることを最大限やり遂げることの方がもっと重要になってくる。一九五六年のジュニア・アッペリアーの復活に際して、二人の教師の尽力を取り上げたが、他の同僚教師、子どもたちの家族、地域住民、そしてなによりも子どもたち自身が、自分の持ち場を守りつつ他の立場からの声や力を励みにして頑張ったからこそ成功したに違いない。演技者（パフォーマー）と観客（オーディエンス）、主体と客体といった、分離した関係性ではなく、誰もが皆、祭りを成功させるために主体的に関わっていこうとする中で発揮される「分かち合い（シェアリング）」の心、相互主体的な関係性こそ、「生きる力」を育んでいくのではないだろうか。

③想像する（日常性の越境、新たな世界の創造）

仮装すること、闇の中を行進すること、そして闇の中で火を燃やすこと、どれも皆、想像力を働かせて日常性を越境し、新たに別な世界を創造しようとする行為である。それは、約十万年前にアフリカ大陸から世界各地へと旅立ったホモ・サピエンスの血を我々も受け継いでいることを想起させる。たいまつを高く掲げて闇の中を進んでいった先人に倣って、自分もまた明日へと歩き出していこう。明日はきっと、今日と違う物語が待っているはずだから――。そう考える時、「生きる力」がみなぎってくると信じたい。[注12]

子どもたちの「生きる力」を育むこと、それは「いのちのレッスン」と言い換えてもいいだろう。祭りや年中行事を通して地域の人びとと交わることは、貴重な「いのちのレッスン」の場となるはずだ。

## ポスト三・一一の子どもたちにとっての伝統文化

前述した高木は、現在のいわゆる「伝統文化」教育の陥穽について触れている。つまり、二〇〇六年、第一次安倍内閣の下で改正された教育基本法における第二条「教育の目標」の第五項「伝統と文化を尊重し、それらをはぐくんできた我が国と郷土を愛するとともに、他国を尊重し、国際社会の平和と発展に寄与する態度を養うこと」が内包する、「伝統文化」を「愛国教育」と直結させようとする政治的意図への危惧であり、柳田国男が一九三〇年代の段階で「政治的な標語」としての「伝統」に懐疑的だったことを高木は指摘している。注13

それでは、「伝統文化」を大人たちの政治的思惑から切り離し、子どもにとって真に意義あるものとして体験させるためには、どのようにすればいいのだろうか。一つの方向性として、「伝統文化」とされるものをそのままの形で継承させようとするのではなく、子どもたち自身が主体的・能動的に関わって、時には改変したり新たに創造したりできるようにすること、藤本の言う「文化の創造主体」として子どもを認めることによって、今の時代に相応しい「伝統文化」を子どもと大人が一緒に創り出していこうとすることが挙げられる。

このような観点に立つ時、二〇一一年の東日本大震災の後に宮城県南三陸町旧歌津地区で地域の祭りを子どもたちの手で「復興」もしくは「再創造」させようと努め、志半ばで不慮の事故によって逝去した、「蜘瀧仙人」こと八幡明彦の取り組みが注目される。加藤理の論考を基に紹介してみたい。八幡が中心となって展開された「歌津てんぐのヤマ学校」の活動の概要については加藤のものを読んでいただくことにして、ここでは「祭り」の復興と再創造に絞って見ていく。加藤は次のように記す。

歌津では、元禄時代から続く講中組織の伊里前契約会が伊里前三嶋神社のお祭りを担ってきた。震災で獅子頭やお神輿、装束などが流されるまで、東北地方では珍しい暴れ神輿が町をジグザグに練り歩き、お神輿を回転させて海の岸壁で担ぎ手が宙に舞ったり、年によってはお神輿を船に乗せて湾を回ったり、標高五一二メートルの霊峰田束山頂上まで担ぎ上げたりするお祭りであった。子どもたちも家紋入りの法被を着て、笛太鼓を演奏して祭りに参加していた。三嶋神社のお祭りは、歌津地区の大人と子どもが一丸となって楽しむ伝統行事であった。[注14]

……キャンプの最終日のプログラムとして、竹を使ったお祭りごっこが計画されていた。笹を立てたお神輿に飾りつけし、ボランティアが持ち込んだ太鼓・笛のお囃子でセンターまで行進するという計画である。ところが、震災前に子どもたちが親しんでいた「ソラシソシラソファ」の三嶋神社大祭の通り囃子を蜘瀧（＝八幡：筆者注）が吹いてみせると、子どもたちは「それ知ってる」と反応し、お祭りを思い出して祭り化粧を正確に話したり、法被代わりにする予定の土嚢袋に魚竜の絵を書き込んだり、本神輿の担ぎ手は口に白い紙を咥えるのだと言いながら、かつての祭りを真似しようとし始める。

大人の刺激に子どもたちが反応して祭り復興遊びは始まったのである。すると今度は、子どもを刺激した大人たちが子どもたちの様子に刺激されて本気になって祭り復興遊びに加わる。大人たちは、獅子舞をやったことがあるという子どものために段ボールと竹と板で口がカチカチなる獅子頭を完成させる。そうして、祭りの中の役割を全員が分担して、神輿を先頭にお囃子に乗せて獅子頭とふっかけ（花笠の踊り手）、ささら（楽器）、太鼓、と続いて行進した記録が残されている。[注15]

子どもたちはお囃子の音色を聞くや、震災前に慣れ親しんでいた祭りの記憶を瞬時に蘇らせ、かつての祭りを真似しようとし始める。身体の一部となっていた地域の伝統文化の記憶から、子どもたちは次々に豊かな発想でお祭りごっこを主体的に創造していったのである。[注16]

八幡がどこまで意図的に、子どもたちと地域の大人たちが刺激し合って「祭り復興遊び」を成し遂げることを計画していたのかは分からない。けれども、八幡のような「仕掛け人」が存在したことで、祭りという伝統文化を通じて子どもたちが地域の人びとと交わることができたのは間違いない。とても意義深い実践と言えるだろう。

## 注

1　藤本浩之輔「遊びにおける超越」、蜂屋慶編著『教育と超越』玉川大学出版部　一九八五年　一七〇－一七一ページ
2　鵜野「フィールドノーツ　大阪府能勢町における年中行事「狐狩り」「亥の子」研究ノート（1）」、梅花女子大学大学院文学研究科児童文学専攻　伝承児童文学・近代以前日本児童文学合同研究会『鼓　伝承児童文学・近代以前日本児童文学　研究と資料』第3号、二〇〇七年所収、四ページ
3　藤本前掲　一七二ページ
4　森田勇造『祭りと年中行事』青少年交友協会・野外文化研究所　一九九一年　一四－二四ページ
5　同右　二七ページ
6　菊池暁・佐藤守弘編『学校で地域を紡ぐ　―『北白川こども風土記』から―』小さ子社　二〇二〇年　一一－二二ページより抜粋
7　一色範子「『こども風土記』の魅力に迫る―『発見者』から『発信者』へ」、菊池他前掲　一四五ページ
8　菊池暁「学校で地域を紡ぐ」、菊池他前掲　九〇ページ
9　高木史人「評言からみえるもの」、菊池他前掲　二八三ページ
10　近藤君は次のようなことも記している。「それからなぜ大という字にしたかということについて、九右衛門さんはこう言われた。『人間がねると大という字になるやろう。つまり人間の形をかたどって火をともしたのが大文字の送り火や。その送り火の火床の数が七十五か所あるんやけども、それも人間の体には七十五のぼんのう（いろいろな欲）がひそんでいるさかいな。そこでそのぼんのうをやきつくしてしまうという意味があるわけや。たとえて言うたらお灸の代りやなあ。ハッハッハッ。』」菊池他前掲　二〇ページ
11　山田修「シェトランド諸島」、木村正俊・中尾正史編『スコットランド文化事典』原書房　二〇〇六年　六二－六三ページ
12　鵜野「英国シェトランドの火祭り『アッペリアー』が育む子どもの『生きる力』」、子どもの文化研究所『研究子どもの文化』第18号　二〇一六年所収、七四－

七五ページ

13　高木前掲　二八一ページ

14　加藤理『歌津てんぐのヤマ学校』の活動と『生きる力』の形成―蜘瀧仙人の活動記録を中心に―」、前掲『研究子どもの文化』第18号所収、六二ページ

15　加藤前掲　五七ページ

16　同右　六二ページ

# 第11章 死と向き合う

「いのちのレッスン」を考える上で、〈死〉の問題は外すことができない。長らく学校教育、特に幼児教育や初等教育においてタブー視されてきた〈死〉が、近年「生と死の授業」や『いのちの授業』といった形で取り上げられるようになり、後に触れるいくつかの優れた実践もおこなわれてきた。ただしその一方で、「死の教育」をめぐっては留意すべき点もある。その点を確認するところから本章を始めていきたい。

## 「死の教育」プログラムの問題点

朴シネによれば、「教育現場に普及しつつある死の教育プログラムが持っている最大の問題は、既存の知識・技術中心の教科の教授法に準じて死を扱おうとすることである」[注1]。つまり「死の教育」を、数学の公式や英単語を教えるように、死に対する具体的な実用的知識の獲得や情緒的な心構えを習得させたり、統一的なプログラムもしくはマニュアルに沿って子どもたちに「人間の生の外部にある死、あるいは生の自然科学的な事実としての死」についての知識や技術を獲得させたりすることで、やがて来る「死の準備」のための教育をおこなうことであると誤解しているのではないかというのである。[注2]

いのちの輝きを強調し、死はいのちへとつながるための小道具に過ぎないという扱いを受けている「いのちの教育」、肉体の死滅としての死を準備する「死の準備教育」、死にまつわる様々な倫理的な問題を検討する「価値判断教育」、自他の命を粗末にするような世の中の風潮を受けて実施される「問題解決式の教育」――、現在の日本で実践されている「死の教育」の多くが以上のような内実であると朴は指摘する。[注3]

これに対して、真の死の教育とは「死の自覚を通して、子どもたちが持っている実存的な課題、そこを通してのみ生じる人間的成長の次元に教育の本質的課題を見いだそうとする教育」であるべきと提案し、目指されるべき死の教育の理論的展望として、次のような基本的視点を素描する。①出発点―自発的な死への気づき、②内容―死と向き合う、③目的―死へとかかわる存在としての人間形成、④実践のために―a．社会化の教育のあり方を問い直す死の教育、b．教育の日常的試みの中に新しい気づきをもたらす死の教育。[注4]

その上で朴は、死の教育の究極的な目標は「愛」（アガペー）であると結論づける。

教育において死を扱うということは、既存の教育的態度に全面的な変化を要求する。すなわち、子どもたちをただ健康で、成長し続ける存在としてだけではなく、死へとかかわる存在として認識することを意味する。そこでは、死という終わりを自覚し、人間という存在の限界に気づく子どもたちの問いを、人間の根源にかかわる大きな問いとして尊重せねばならないのである。……死ぬ存在である厳然たる事実への自覚によって、他者の意味は、たとえ根本的には分りあえない存在ではあっても、私と同じ根源的な苦しみを持つ存在へと変わっていく。苦しみながらも今を生きている他者を、大事にしてあげたい、一生懸命に支えてあげたいという強い心のかたむきが、労《いたわ》りによって触発される愛である。……この愛は、死を運命づけられている我々が絶望的な現実に等しく貫かれながらも、永遠の今を共に生きる他者に捧げる最も大きな贈り物なのである。[注5]

## 子どもの死生観

前述したように、朴は「死の教育の出発点」として「自発的な死への気づき」を挙げる。つまり子どもたちが持っている死のイメージ（死生観）を理解すること、子どもの内的世界を理解し尊重することから、死の教育をスタートさせようというのである。「死の教育の第一の任務は、子どもの内的世界の要求に耳を傾けることである。知識理解のレベルを超えた次元において、死の本質を摑むことのできる子どもの心性を理解すべきである[注6]」。

子どもの死生観を知るための手がかりを与えてくれるのが、エリザベス・キューブラー＝ロス『子どもと死について（On Children and Death）』である。キューブラー＝ロスは、一九六九年に刊行され、日本でも一九七一年に和訳が紹介されて大きな反響を及ぼした『死ぬ瞬間　死とその過程について（On Death and Dying）』で知られるアメリカの精神科医である。彼女は同書の中で、臨床経験を通して死にゆく人の心の過程を、第一段階－否認と隔離、第二段階－怒り、第三段階－取引、第四段階－抑うつ、第五段階－受容、の五段階説で説明し、「死生学（thanatology）」に対する大きな関心を呼び起こしたが、「子どもたちとその親はどのようにすれば死と向き合うことができるか、実際どうやって向き合っているか（How children and their parents can and do cope with death）」[注7]という副題を持つ本書において、子どもも大人と同じくこのような五段階の過程をたどるのかについて問うことを出発点としつつも、この問題に限定して考えるのではなく、「死の迫った子どもの内なる知」について語っている。

私は読者のみなさんに、死の迫った子どもの内なる知についてお話ししたい。そうすることで、みなさんにも成長していただきたいし、内なる声が、耳を傾けなければならない重要なものであることを理解していただきたいのだ。人生の嵐に打たれながらも、それに打ちのめされず、健全なまま愛と理解を持ち続けるためには、「知」と心の平和と指針が必要だ。そして、それらを与えてくれるものは、人の直感的・霊的な側面、すなわち内なる声なのだと、私は確信している。[注8]

同書におけるいくつもの事例の中で、ぼくが一番衝撃を受けたのは、「自らの医療処置を中止する指示を出し、死を選んだ」白血病の末期にあるサンタバーバラの七歳の少年エドウに関するエピソードだ。以下は、彼とボランティアとの会話の一部である。

ボランティア（以下ボ）「エドウ、君は三か月前に、七歳の誕生日まで生きるんだと言ったね。どうして七歳の誕生日と決めたの？」

エドウ（以下エ）「神さまに七歳まで生きたいとお祈りしたから。誕生日の後で、たぶん誕生日の少し後で、ぼくは自分が死にたいように死ねると思う」

ボ「死にたいと思うのはなぜ？」

エ「病気が重すぎるから。死んだら魂は天国に行って、痛みも苦しみも全部なくなる。時には、自分が望めばだけど、健康で痛みも苦しみもない生に戻ってくることもできる」

ボ「生まれ変わりを信じるの？」

エ「うん、信じる」……

ボ「エドウ、天国ってどんなところだと思う？　見たことはある？　あるとすれば、そこはどんなだったか覚えてる？」

エ「いいえ、だけど、ぴったりのたとえを挙げることはできる。いつもと違う廊下を歩いているような、壁をまっすぐ通り抜けて、別の銀河か何かに入っていくような。それから頭の中に入っていくような。雲の上に住んでるような。魂はそこにあるけど体はない。体は置いてきたんだ。ほんとに壁を通り抜けてるような感じで、心に入っていくような感じがする」……

ボ「ママと離れ離れになることをどう思っているのかな」

エ「ママと離れるのは悲しい。でも、ママがいつか死ぬことを選べば、それからはまたいっしょにいられる。それに、自分が望めば、魂をつれて地上に戻り、大切な人に会いにいくことだってできる」

ボ「君は死後、魂となって誰かのところへやってくると思う？」

エ「うん、思う」

ボ「魂はみんなが恐がる夜に歩きまわることが多いよね。それはどうしてかな？」

エ「たぶん、魂は夜もみんなといっしょにいたいんだと思う。昼だっていっしょにいたいだろうけど」

ボ「夜の方が恐い気がするだけなんだね」

エ「恐がらなければいいんだよ。あるとき、真夜中に何かが家のなかを通り抜ける音が聞こえた。それはおじいちゃんの魂だったんだ。ママも聞いていたと思う」

ボ「あちらの世界でおじいちゃんに会いたい？」
エ「会いたい」
ボ「おじいちゃんは君を待っててくれると思う？」
エ「思う」

このエピソードの最後に、エドウの母親がキューブラー＝ロスに寄せた手紙が紹介されている。ここには、死と向き合うことで「内なる声」に耳を澄ませた七歳の子どもとともに「いのちのレッスン」を受けた母親の想いが凝縮していると言えるだろう。

私は信じています。子どもは、私たちの魂と自分の魂を成長させるために、私たちを親として選ぶのだと。私にとって、息子の旅に参加できたこと、息子の母親に選ばれたことは、すばらしい特権でした。息子は私にあまりにもたくさんのことを教えてくれました。でも、そのなかでもっとも大切なことは、生の尊さと無条件の愛の喜びです。[注9]

**大瀬敏昭「いのちの授業」**

二〇〇四年一月三日、がんのため五七歳で亡くなった神奈川県茅ケ崎市立浜之郷小学校校長・大瀬敏昭は、二〇〇二年一月に「余命三カ月」との宣告を受けた後、「やせ衰えていく自分の姿でいのちの重みを伝えたい」と、亡くなる前月まで教壇に立ち続けて「いのちの授業」をおこなった。その授業は二〇〇四年二月二八日にNHKスペシャル「よみがえる教室　ある校長と教師たちの挑戦」として放映された。ぼくもこの番組に感銘を受け、以来、担当する教育学系の講義の中で毎年学生たちに観てもらってきた。先ほど「いのちの授業」に対する朴の批判的な見解を紹介したが、彼女も大瀬の「いのちの授業」には高い評価を与えて詳しく紹介している。

大瀬の実践で注意すべきは、それが彼の個人的な信念に基づく単独での活動ではなかったという点である。一九九八年四月、新設の浜之郷小学校初代校長として着任し、「学びの共同体としての学校」を創学の理念に掲げ、教育学者・佐藤学のスーパーヴィジョンを仰ぎながら教職員全員と一緒に学校改革に取り組んだ。[注10]その途上でがんを背負い、最後の二年間、「いのち」をテーマに三年生から六年生の教室で計一八回の授業をおこなった。学校共同体の支えと後押しがなければ、彼の「いのちの授業」は成立しなかっただろう。

浜之郷小学校では、「ケアリングの教育」を学校づくりの大きな柱としていた。[注11]大瀬によれば、「ケア」とは「相手のために心を砕く」という意味である。また、学校における「ケアリング」とは、子どもたちに対しての「教師の日々の配慮＝心砕きの心」であり、「他者の喜びや苦しみに寄り添い、魂の重さに気づくという行為」である。そして、教師と子どものさりげない優しさや、子ども同士の支え合いを日常の学校生活の中にどう築いていくかが問われる、教師と子どもの応答的な営みとしての「ケアリングの教育」――、この理念に支えられて「いのちの授業」も

成立すると大瀬は考えていた。[注12]

「いのちの授業」を構想する起点（きっかけ）について、大瀬は以下の三つを挙げている。①限りある日々に対して自分自身を辱めることなく精一杯誠実に生きたい、②子どもたちに「明るく楽しく強く」という価値観を押しつけるのではなく、他者の不幸に悲しみを感じ、涙を流すという「悲しみの復権」を図りたい、③教育の中で非日常的なものにされてしまった「死」を開かれた世界に引き出し、誰もが自然な気持ちで話し合えるものとしたい。[注13]

亡くなる二週間前の二〇〇三年一二月二二日、「いのちの授業づくり」にかかわった教職員を集めての授業検討会で、大瀬は次のような発言をしている。

人は等しく命に限りがあるということ。だから自分をだいじにしなければいけない。その裏付けとなるものとして、信じるものをもつということ。これらをなんとかして伝えたい。しかし、そこで直面するのが、三つの恐怖です。経験したことのないことに対する恐怖。これはクリアできると思う。死ぬまでの痛み、苦しみに対する恐怖。愛する人と別れなければいけないことに対する恐怖。これが一番つらい。……

……命っていうとらえ方は三つあるんですよね。個体としての命、種としての命、永遠の命という。蘇りはないということ、それから死というのは、生きることだという、そこから考えるべきだということ。

それから、死の恐怖は三つあることを伝える。死というのは成熟するためのチャンスだということ。なにか、自分の生き方を個性化できるというのかな、そういう意味で最後のチャンスだということです。[注14]

この検討会の様子を再録した小野公敬教諭は、「この授業検討会は、検討会という名の、大瀬校長が最後に開いた私への『いのちの授業』そのものだったのかもしれない」と綴っているが、それは同時に、この文章を読んでいるぼくたち一人ひとりへの「いのちのレッスン」であり、大瀬からの「わすれられないおくりもの」であるに違いない。

## 山田泉「いのちの恩返し」

もう一人、「いのちの授業」に取り組んだ教師「山ちゃん」こと山田泉を紹介したい。養護教諭として大分県内の小・中学校に勤めていた彼女は、二〇〇〇年に乳がんを発症し、休職して治療に専念した後、二〇〇二年四月に復職して間もなく、ある出来事をきっかけに「いのちの授業」に取り組むようになる。二〇〇七年の退職後も、各地で「出前授業」をおこなったが、二〇〇八年、四九歳で死去。彼女が遺した二冊の本『「いのちの授業」をもう一度』と『いのちの恩返し』をぜひお読みいただきたい。天真爛漫、天衣無縫、猪突猛進、真剣勝負……と四字熟語が何故かよく似合う軽妙洒脱な教育エッセイである。ちなみに、彼女の座右の銘は「一日一生」。

大瀬が校長として「いのちの授業」をおこなったのに対して、山田の場合には「保健室のおばさん」つまり養護教諭としておこなった。この点は大きく異なるところだが、子どもを自分と対等な一人の人間として認め、真剣に向き合おうとする姿勢は全く同じである。この、相手と同じ目線に立って対等かつ真剣に向き合うという山田の姿勢は大人に対しても同じだった。「ちょっと不良のお母ちゃんたちのたまり場」を自身の駆け込み寺とし、芸能人（永六輔）、元総理大臣（村山富市）、車いすマラソンランナー、ハンセン病回復者、HIV感染者、大学教授、新聞記者、写真家、書道家、僧侶（無着成恭）、国連ボランティア、アナウンサー、弁護士、助産師、ホスピス医……そして末期がん患者と、多彩なゲストに「いのちの授業」への登場を依頼した。皆、彼女の人柄に魅かれて意気投合し、もしくは「山ちゃん台風」（上野千鶴子の命名）[注15]に巻き込まれるようにして「仲間」に加わっていった。

上述のゲストから明らかなように、「いのちの授業」の内容は実にバラエティに富んでおり、直接「死と向き合う」ものばかりではなかったが、その根幹には、二〇〇二年四月の最初の「いのちの授業」で山田が中学三年生一七名に送ったメッセージ「①限られた時間を大切に、②病気は突然やってくる、③人間は最後まで助け合うことができる」[注16]が一貫して流れているように思われる。二〇〇〇年に休職する前から、養護教諭として「生と性の授業」に取り組んできた山田だったが、復職後に目撃した中学生たちのあまりの荒れように「ブチキレて」、「自分のがん体験を〝武器〟に、悪ガキ軍団にカツを入れよう」[注17]と目論んで、もう一人のがん患者の教頭先生を誘い、二人でチームを組んで「いのちの授業」を始めたのだった。

最初の「いのちの授業」の中で、山田は次のように生徒たちに問いかける。

「ちょっと目をつむってごらん。みんなには、本当の友達がいる？　つらいときに、何でも話せて何でも相談できる友達がいる人は手をあげてごらん？」

すると……手を上げたのは一七人中三人。ここで山ちゃんがカツ（！）を入れる。

「なんで、本当の友達ができんのか考えてみい？　保健室でみんなの言葉を聞いていると、めちゃくちゃやわ。やさしい言葉はほとんどかけない。冗談のつもりかもしれないけど、相手が傷つく言葉を平気で言う。……あんたたちががんにかかるかどうかは、わからん。けど、人生には誰も必ずピンチがくるで。その時に、本当の友達が一人もいなかったら、乗り越えていけんと思うよ。人間にとって大切なものは、テストでいい点取ることじゃないで。人は皆いつか死ぬんや。最後は家族に囲まれて、いい友人に支えられて静かに亡くなっていく。私はもう、何人も見てきたよ[注18]」。

それから七ケ月が過ぎた二〇〇二年一一月末、乳がん患者の会の中で知り合い、「いのちの授業」で三回も話をしてもらった女性・妙子さんと最後の面会をする。妙子さんの希望により、授業に参加した三年生二人を連れてホスピスに駆けつけた時、山田は彼女が中学生たちに次のように話すのを聞く。それはあの日の、山田自身の中学生たちへの問いかけと同じだった。「人間にとって、人生にとって一番大切なものは何か？」

人生にとって一番大切なものは……お金じゃないなぁ。一番大切なものは、自分をさらけだせる友人を持っているかってこと……。あなたたち、今そんな友達がいなくてもいいのよ。三〇歳になってからかもしれない、四〇歳になってからかもしれない。でもね、人にやさしくしていたら、いつかめぐりあうよ。[注19]

ところで、山田のめざす授業は「むつかしいことをやさしく、やさしいことをふかく、ふかいことをおもしろく」という、永六輔から教えてもらった井上ひさしの言葉だった。[注20]山田は永に大きな影響を受けていた。次の詩も永のものであり、彼女の「いのちの授業」の特徴をうまく言い表わしているように思える。

生きているということは
誰かに借りを作ること
生きてゆくということは
その借りを返していくこと

誰かに借りたら
誰かに返そう
誰かにそうしてもらったように
誰かにそうしてあげよう[注21]

この詩に見られる「いのちの恩返し」という発想は、山田の実践のテーマであるとともに、本書における〈生命の織物〉や〈いのちへの畏敬〉の理念につながるものと言える。そしてもう一つ、山田がまぎれもない〈ふしぎがり〉だったことも書きとめておこう。

## いのちをいただく

本章の最後に、ぼくたちが毎日三回「死と向き合って」いること、つまり「他のいのちをいただく」という、食べる行為によって、自分自身のいのちが生き永らえていることに気づくためのレッスン――「食育」について触れておきたい。

近年、「食育」は学校でも家庭でも地域社会でも注目されているが、第6章で紹介した鳥山敏子のところでも述べたように、食べるという行為のみを切り取るのではいけない。これを受精・受粉や誕生から死に至るいのちの営み全体の中に位置づけることや、食べるという文化が社会の中に定着し発展・変容していく中で、他の食文化を保持する社会集団に対する差別や偏見を生んできた歴史を学ぶこと、さらには人間以外のいのちを人間のために存在していると見なす「人間中心主義」に気づくこと、究極的には「自分とはなにか」「生きるとはどういうことなのか」という存在論としての問いにつなげていくことが必要だと思われる。

また、自分がいただくいのちの始まりと終わり、そしてそれが食べ物となるまでの過程をきちんと知ること、情報として頭にインプットするのではなく五感を通して「体得する」ことが大事だと思う。直接体験が難しい場合には、映像作品（実写・アニメ・CGなど）の視聴によるバーチャルな体験にも意味がある。

さらに、体験だけではなく、絵本や童話や詩などをよんで他のいのちの「死と向き合い」、想像力を働かせて、その声に耳を澄ますことも重要だろう。再び、まど・みちおの詩を紹介して本章を締めくくりたい。

「さかな」　まど・みちお[注22]

さかなやさんが
さかなを　うってるのを
さかなは　しらない

にんげんが　みんな
さかなを　たべてるのを
さかなは　しらない

うみの　さかなも
かわの　さかなも
みんな　しらない

**注**

1　朴シネ『死の力　―死と向き合う教育―』晃洋書房　二〇一五年　一四ページ
2　同右　一五ページ
3　同右　一二六ページ
4　同右　一〇一 - 一一三ページより抜粋
5　同右　一六一ページ
6　同右　一〇二ページ
7　E・キューブラー＝ロス（鈴木晶訳）『子どもと死について』中公文庫　二〇〇七年　三九三ページ
8　同右　一六ページ
9　同右　三九一 - 三九二ページ
10　その取り組みは、大瀬敏昭『学校を創る』（小学館　二〇〇〇年）、同『学びの風景』（世織書房　二〇〇三年）、同『学校を変える』（小学館　二〇〇三年）に詳述されている。また大瀬と浜之郷小学校の六年間の軌跡は、神奈川新聞報道部『いのちの授業　がんと闘った大瀬校長の六年間』（新潮社　二〇〇五年　文庫版二〇〇七年）でたどることができる。

11　大瀬『輝け！　いのちの授業』小学館　二〇〇四年一六－一七ページ

12　「いのち」というテーマが開校当初から浜之郷小学校の活動の中心に置かれていたことは、校歌「かぜのしらべに」（佐藤学作詞・三善晃作曲）からも分かる。「一、かぜの　しらべに　くさは　ささやく／こずえの　さきにも　ひびく　うたごえ／しなやかに　たおやかに／いのちの　いぶき　かわしあう／浜之郷／／三、そら　あおく　うみ　はるか／きぼうの　かがやき　かげを　たたえて／ひそやかに　あざやかに／いのちの　かたち　うつしあう／浜之郷」浜之郷小学校HPより。https://edu.city.chigasaki.kanagawa.jp/elementary/hamanogou/index.html

13　大瀬『輝け！　いのちの授業』二五－二九ページを要約

14　同右　九五－九六ページ

15　山田泉『いのちの恩返し』高文研　二〇〇八年　表紙帯より

16　山田泉『「いのちの授業」をもう一度』高文研　二〇〇八年　一五一ページ

17　同右　一四二ページ

18　同右　一四八－一四九ページ

19　同右　一七五－一七六ページ

20　山田前掲『いのちの恩返し』一二九ページ

21　同右　四八ページ

22　『いのちのうた　まど・みちお詩集』ハルキ文庫　二〇一一年　八三ページ

## 〈参考〉死と向き合う絵本リスト

◇大瀬が「いのちの授業」で使った絵本
・スーザン・バーレイ作・絵『わすれられない　おくりもの』評論社
・佐野洋子作・絵『100万回生きたねこ』講談社
・柳沢恵美『ポケットのなかのプレゼント』ラ・テール出版局
・レオ・レオーニ作『あおくんときいろちゃん』至光社
・メロディー・カールソン文『きみのかわりは　どこにもいない』フォレストブックス
・新美南吉作『でんでんむしの　かなしみ』大日本図書
・クォン・ジョンセン文『こいぬのうんち』平凡社
・星野道夫文・写真『クマよ』福音館書店

◇大瀬がモデルとなった絵本
・こんのひとみ文、いもとようこ絵『くまの　こうちょうせんせい』金の星社

◇東日本大震災をきっかけに生まれた絵本
・小泉八雲原作、エド・ヤング絵『TSUNAMI』グランまま社
・葉方丹文、松成真理子絵『ひまわりのおか』岩崎書店
・浅沼ミキ子文、黒井健絵『ハナミズキのみち』金の星社

・森絵都作、吉田尚令絵『希望の牧場』岩崎書店
・光丘真理文、山本省三絵『タンポポ　あの日をわすれないで』文研出版
・いもとようこ作・絵『かぜのでんわ』金の星社

◇その他、おススメの絵本
・國森康弘写真・文『恋ちゃんはじめての看取り　おおばあちゃんの死と向きあう』農文協
・坂本義喜原案、内田美智子作、魚戸おさむとゆかいなかまたち絵『いのちをいただく　みいちゃんがお肉になる日』講談社
・近藤薫美子『のにっき　――野日記――』アリス館
・田島征三『ぼくのこえがきこえますか』童心社
・今西祐行文、松永禎郎絵『すみれ島』偕成社
・松谷みよ子文、司修絵『まちんと』偕成社
・アーサー・ビナード作、岡倉禎志写真『さがしています』童心社
・長谷川義史『てんごくのおとうちゃん』講談社
・マイケル・ローゼン作（谷川俊太郎訳）、クェンティン・ブレイク絵『悲しい本』あかね書房
・いせひでこ『1000の風　1000のチェロ』偕成社
・長田弘（グスタフ・クリムト画）『詩ふたつ　花を持って、会いにゆく　人生は森のなかの一日』クレヨンハウス

# 第12章　もうひとつの学びの場

## 「もうひとつの学びの場」との出会い

本書第6章の鳥山敏子のところでも述べたように、ぼくが高校生だった一九七〇年代後半、「教育とは何か」「今、学校で何が起こっているのか」といった話題がマスメディアを賑わせていたが、そのきっかけとなった出来事の一つが、ある子どもの自殺だった。一九七五年に一二歳で逝った岡真史君は次のような詩を遺している。

「ひとり」
ただくずれさるのを
まつだけ[注1]

彼がなぜ死を選んだのか、単純明快な理由など誰にも分からないだろうし、本人ですら説明できるものではないだろう。だが、当時のマスメディアはさまざまな問題を抱える学校教育の犠牲者として彼を見なしていたように思う。それは例えば、当時出版された斉藤茂男『ルポルタージュ　教育ってなんだ』上下巻（太郎次郎社　一九七六年）の、「光のなかの闇」との副題を持つ上巻の筆頭に「親子心中」と「子どもの自殺」が紹介されていることからもうかがえる。「死と向き合う」子どもが社会問題となっていたのである。

一九七三年一月に創刊された教育月刊誌「ひと」（太郎次郎社）に編集代表として関わった数学者の遠山啓は、当時の学校教育の問題点を、学力テストの偏差値を物差しに子どもを序列化し競争を強いる「序列主義」や「競争主義」に見て、これらを超えた「かけがえのない子どももひとりひとりを生かす[注2]」ことを原理とする教育実践を、同誌を通して教師・父母・地域市民と一緒に展開していった。高校時代に「ひと」誌を読み始めたぼくは、遠山の論考や、前述した鳥山の実践、そして明星学園や和光学園等の実践を読んで胸を躍らせていた。それがぼくにとっての「もうひとつの学びの場」との出会いである。

本章では、「フリー・スクール」や「オルタナティヴ・スクール」などとも呼ばれる「もうひとつの学びの場」について、その歴史を確認した後、今日の「もうひとつの学びの場」において「いのちのレッスン」がどのような形で行われているのかを、「きのくに子どもの村学園」を例にとって具体的に見ていきたい。

## 「もうひとつの学びの場」の歴史（1）「新教育」「進歩主義教育」

一九世紀末から二〇世紀初頭にかけて、従来の教育を「旧教育」として批判し、教育の新しいあり方を模索する試みが欧米諸国を中心に登場する。一九二〇年代にピークを迎える一連のこうした教育批判・教育改革の試みとそれを支える理論・思想を総称して「新教育（new education）」と呼び、またアメリカにおける「新教育」を「進歩主義教育」（progressive education）と呼ぶが、「もうひとつの学びの場」の源流もここにあると言える。[注3]

今井康雄によれば、「新教育」は大別して、①田園教育舎系の中等段階の学校、②児童中心主義を説く初等段階の学校がある。前者には、a．セシル・レディのアボツホルムの学校（英国、一八八九年創設）、b．リーツの田園教育舎（ドイツ、一八九六年創設）、c．ドラモンのロッシュの学校（フランス、一八九九年創設）があり、いずれも都会の喧騒を離れた寄宿舎制の学校で、新時代のエリート養成を目指した。日本でも、日本済美学校（一九〇七年創設）、成蹊実務学校（一九一二年創設）といった同種の学校が創設された。

一方、後者には、教育は子どもの自由な興味・関心から生まれる自己活動を起点に据えるべきと主張する、a．デューイのシカゴ大学付設実験学校（アメリカ、一八九六年創設）があり、また、b．ドイツのケルシェンシュタイナーも子どもの自発的活動を基礎にした「作業学校」の必要を訴えた。日本においても、それまでの画一的で詰込み的な教育方法を批判し、子どもの自由な自己活動を尊重する新しい教育が試みられ、「大正新教育」や「大正自由教育」と呼ばれた。芦田恵之助の随意選題綴方、山本鼎の自由画教育、千葉師範附属小の自由教育、沢柳政太郎の成城小学校（一九一七年創設）などが挙げられる。

なお、「新教育」は近代的学校教育システムの画一的で子どもの自己活動を抑制するような側面に対する批判・改革の運動という性格を持っていたが、必ずしも社会批判を目指すものではなく、むしろ新たに形成されてきた帝国主義や大衆民主主義の時代の国民形成を目指すものであったとされる。[注4]

## 「もうひとつの学びの場」の歴史（2）シュタイナーとニイル

第一次世界大戦の後、「もうひとつの学びの場」として日本で今日よく知られている二つの学校が創設される。一つは、ルドルフ・シュタイナーによって一九一九年にドイツ・シュトゥットガルトに設立された「自由ヴァルドドルフ学校」である。まもなくケルン、ハンブルク、エッセンに分校が生まれ、シュタイナー自身が一九二五年に他界した後も、彼の考えに共鳴する人たちの手でドイツ国内各地に広がっていく。一九三三年からのナチス時代には閉鎖されたが、第二次世界大戦の終結後、各地の自由ヴァルドドルフ学校が再開された。[注5]その後「シュタイナー学校」とも呼ばれるようになり、ヨーロッパを中心に世界的な広がりを見せる。日本でも一九八一年、東京に設立された「日本ルドルフ・シュタイナーハウス」、二〇〇一年設立の「京田辺シュタイナー学校」など全国各地に系列校が誕生し、吉田敦彦によれば、二〇一九年時点でシュタイナー学校

は世界中に一千校以上にのぼるという。[注6]

もう一つは一九二一年、A・S・ニイルによってドイツ・ドレスデン郊外のヘレナウに創設された国際学校で、ニイルはその後、二三年にオーストリアのソンタークベルクへ、さらに二四年、イングランド南部ライム・リージスの丘の上にあった三階建ての屋敷「サマーヒル」に学校を移し、その際に名前も「サマーヒル・スクール」となった。二七年にサフォーク州レイストンへ移転するが、学校の名前は「サマーヒル」のままとした。[注7] 以来、「世界でいちばん自由な学校」と呼ばれる「サマーヒル・スクール」は今日まで当地に存続しているが、シュタイナー学校とは異なり、「サマーヒル」の名を冠した系列校が広がっていくことはなかった。ただし、ニイルの影響を受けた数多くの人びとが、特に一九六〇年代以降、世界各地で教育改革や新たな学校づくりの活動を開始した。[注8] その一つが、後ほど詳しく紹介する「きのくに子どもの村学園」である。

## 「もうひとつの学びの場」の歴史(3) フリー・スクールとオルタナティヴ・スクール

一九五七年の「スプートニク・ショック」(当時のソビエト連邦が大気圏外に有人宇宙船スプートニクを飛ばすことに世界で初めて成功し、アメリカをはじめとする「西側」諸国にショックを与えた)を受けて、一九六〇年代以降、「西側」諸国では教育現代化運動やカリキュラム改造運動といった「詰込み教育」が推進された。

これに対する反発として、子どもの内的本性(個性)や自由意思を尊重するニイルの思想に影響を受けた「フリー・スクール」の運動が起こる。特にアメリカでは一九六〇年代後半、個人の自由意思を大幅に認めようとする白人中流階級によって数多くの私立学校が設立され、これらの学校では、ベトナム戦争を批判する反戦運動、黒人や少数民族の権利の保障を求める公民権拡大運動など、社会運動と連動した教育革新運動が展開された。そこでは経済的・文化的・社会的に「恵まれない」子どもたちに対する学習機会の保障が関心の的だった。

ところが七〇年代になると、個人差や社会的背景を考慮に入れた学校が必要だと見られるようになっていく。「子どもを変える」から「学校を変える」あるいは「いろいろな学校をつくる」へと視点が移された。その結果、子どもの自由意思を尊重するフリー・スクールの原則を公立学校にも取り入れて、多様な学校やコースを用意し、個人差や社会的背景に合わせて選択してもらうという意味を込めた「オルタナティヴ・スクール」という言葉が用いられるようになった。一九七九年に代表的なフリー・スクールを中心に結成された全国組織も「全米オルタナティヴ・コミュニティ・スクール連合」と名づけられ、英国でも八〇年代にはオルタナティヴ・スクールの名称が広く使われるようになった。[注9]

以上のような欧米における教育の潮流は日本にも入ってきた。前述した遠山啓や「ひと」誌の活動も、この流れに影響を受け、これと連動する形で展開されたことは間違いない。「もうひとつの学びの場」すなわち「オルタナティヴ・スクール」を求める声は決して日本に固有の現象だったのではなく、グローバルな現象だったのである。

## 「もうひとつの学びの場」の歴史（4）ホリスティック・アプローチ

吉田敦彦によれば、一九八八年にカナダで公刊されたジョン・ミラーの *The Holistic Curriculum.*（吉田他訳『ホリスティック教育―いのちのつながりを求めて』春秋社　一九九四年）が、「ホリスティック」という形容詞を書名に持つ最初の教育関係の著作であり、同じ年にアメリカで季刊雑誌『ホリスティック教育レヴュー』が創刊されたこともあって、一九八八年が「ホリスティック教育元年」と言われている。[注10]

「ホリスティック」という概念のイメージを、吉田は以下のように記述する。

今までのものはみんな古くて「これこそが新しい」というニューファッションとして「ホリスティック教育」が登場しようとするのではない。あるいは、いま思いつくままに列挙した「〇〇教育」[注11]群に肩を並べて、それらのうちの一つの選択肢として付け加わろうとするのでもない。また、それらに「ホリスティック教育」という新たなレッテルを貼って囲い込もうとするのでもない。そうではなくて、それら個別の実践の間の〈つながり〉を生みだし、それぞれの持ち味を生かし合い、弱点や偏りを補い合っていくことができるように一つの全体的な見取り図（視座）を提供しようとするのが、「ホリスティック教育」というコンセプトの一つの大切な役割である。

「ホリスティック教育」自体が、何か特定の実践の形や方法を専売特許のようにもっているのではなく、目に見えるさまざまな貴重な実践の間の、目に見えない〈つながり〉を見えるようにしていくところに、「ホリスティックな教育の見方・考え方」の意義がある。それは比喩的に言えば、目に見える木々や鳥やバクテリアの生きる雑木林と、それらが織りなすエコロジカルな見えないつながりを明らかにする生態学との関係に似ている。……「ホリスティック(全連関的)な教育」は、単なる児童中心教育でも社会中心教育でもなく、人間(という種)中心教育でさえない。人間を含むこの地球(ないし宇宙)の天地万象が生成変化する重層的な連関のすべてを、同等の重みをもつものとしてその視野に入れようとするのである。……

いま教育界に求められているのは、人間と教育をめぐる重層的多面的な〈つながり〉を、〈いのち〉の次元にまで深めて反省することのできる視座を共有することであると思う。……(ホリスティックという：筆者注)この外来語のもつ利点として考えられるのは、現代日本の教育をめぐる問題が、根本的には日本だけではない全人類史的な転換期の抱える課題と呼応したものであり、デカルト・ニュートン・ダーウィン的な近代的世界像を限界づける現代諸科学の動向と連動した変容が、近代教育学の分野でも求められていることを示唆できる点であろう。[注12]

以上より、「ホリスティックな教育」という概念が、本書の目指す「センス・オブ・ワンダー」の柱となる七つの理念に基づく「いのちのレッスン」の構想に近似することが読み取れるだろう。

なお、「ホリスティック（holistic）」という概念は、「whole や holy だけでなく heal や health の語源 holos からの造語であって、教育系だけでなくむしろ健康医療領域での共有が進展して」いった。その結果、教育に限定せず、福祉や看護も含めた「ケア（care）」として捉えていこうという声が高まり、二〇一七年、日本ホリスティック教育／ケア学会が誕生した。[注13] そこで本書では「ホリスティック・アプローチ」と呼んでおくことにする。

## きのくに子どもの村学園の誕生

一九九二年四月、和歌山県橋本市彦谷に「学校法人きのくに子どもの村学園小学校」（以下「きのくに」）が開校した。全校児童数九〇名、大人は教師・寮母・事務職員合わせて二〇名の小さな学校である。この学校の設立に尽力し、開校から二八年が経った現在も同学園の学園長（理事長）として活躍する堀真一郎は、「きのくにのDNA」として、①ジョン・デューイ、②A・S・ニイル、③ジョン・エッケンヘッド、以上三名の名前を挙げている。

既に触れた通り、デューイは自ら開設したシカゴ大学付属実験学校において自身が提唱する「為すことによって学ぶ（learning by doing）」の理念に基づく新たな教育実践をおこなった。「デューイは、子ども自身が好奇心や興味にかられて自発的に、体や手をつかい、感覚をフルに動員して、生きていくうえで最も基本的なものを身につけていくような学校教育の実験を試みたのである。生きて行くうえで最も基本的なものとは、衣食住にかかわる活動、つまり織物や裁縫、料理や栽培、そして工作である。デューイは、こういう活動に子どもが全能力を挙げて取り組む時、それを『活動的な仕事（active occupations）』と名づけた[注14]」。後述するように、堀はデューイの「活動的な仕事」のアイデアを基に、「総合的な学習」としての体験学習をおこなう「プロジェクト」を中心に据えた授業を編成した。

次に、ニイルについて説明しよう。ニイルは魅力的な言葉をいくつも残している。「もっともよい教師は子どもとともに笑う。もっともよくない教師は子どもを笑う[注15]」。「まず子どもを幸福にしよう。すべてはそのあとにつづく[注16]」。

ニイルのサマーヒルの生活と教育には、次のような方針が貫かれている、と堀は指摘する。a．授業に出る／出ないは子どもが決める、b．全校集会には子どもと大人が対等の資格で参加する、c．大人はファーストネームで呼ばれる（非権威主義の人間関係）、d．子どもの心の深層を理解する、e．創作表現活動を重視する[注17]。これら五つの方針はいずれも「きのくに」に取り入れられた。また、デューイとニイルに共通する教育目標を一言でいえば「精神的に自立した人間」であるが、「デューイは知性の自由、とくに科学的思考の態度と能力を強調」したのに対し、「ニイルは感情の自由、とくに無意識の解放を重視」した。そして、両者の理論を具体的実践において統

しようとしたのが「きのくに」だった。[注18]

三番目のエッケンヘッドは、ニイルよりも約三〇歳若く、一九四〇年に英国スコットランドのキルクハニティに学校を創設し、亡くなる前年の一九九七年までこの学校を運営した教育家であるが、エッケンヘッドについて堀は、「ニイルの思想と実践を丸ごと呑み込んで、しかもそこにジョン・デューイの経験主義の教育思想を取り込み、仕事と遊びと学習を統合した素敵な学校を頑固に守り続けた[注19]」と評している。つまり、「きのくに」の最も身近なモデルがエッケンヘッドのキルクハニティだったと考えられる。

以上三人に加えてもう一人、堀の大学時代の恩師・鰺坂二夫（京都大学教育学部教授）の名前も挙げておきたい。鰺坂は、玉川学園の創設者・小原國芳の甥にあたり、成城中学の一期生でもあった。鹿児島県出身で「根っからのロマンティスト」だったという鰺坂は、デューイ理論の魅力を説くとともに、「成城や玉川について熱っぽく語ってくださった」と、堀は述懐している。[注20]鰺坂を通して、大正新教育（大正自由教育）のエッセンスもまた「きのくに」のDNAとなったに相違ない。ちなみに、鰺坂は「もうひとつの学びの場」を作りたいという堀の構想と活動を全面的に支援し、九二年の開校式にも駆けつけて、「堀くん、よくやった。あの玉川学園だって、最初はこんなに立派ではなかったぞ。これに比べりゃバラックみたいなものだった……」と祝ってくれたという。[注21]

## きのくに子どもの村学園の「いのちのレッスン」

学校法人きのくに子どもの村学園は、二〇二〇年七月現在、きのくに子どもの村小中学校(和歌山県橋本市)、きのくに国際高等専修学校(同上)、かつやま子どもの村小中学校(福井県勝山市)、キルクハニティ子どもの村(英国スコットランド)、南アルプス子どもの村小中学校(山梨県南アルプス市)、北九州子どもの村小中学校(福岡県北九州市)、ながさき東そのぎ子どもの村小学校(長崎県東彼杵町)からなる。

堀は、「きのくに」の基本方針として一般的な学校のイメージを覆す三つの原則を挙げている。①教師中心から子どもの自己決定へ——「自由にやってごらん。責任は大人が取ってあげるから」と言う。②画一教育から個性化へ——活動と学習の多様化(diversification)を保障する。③書物中心から体験学習へ——すべての学習の中核に体験学習を置く[注22]。

そして、これら「自己決定の原則」「個性化の原則」「体験学習の原則」の三つを重ね合わせたところにできる「プロジェクト」という学習形態を「きのくに」の教育の中核に据え、周辺に「基礎学習」「個別学習」「自由選択とミーティング」を配置する(図1を参照[注23])。

「プロジェクト」とは、「子ども自身が選び、個人差や個性が生かされ、しかもじっさいの生活(とくに衣食住)と結び付いたホンモノの仕事」であり、「学ぶ楽しさと、仲間と触れ合う喜びをたっぷり味わい、知性と手と体を鍛える総合学習である[注24]」。そして「プロジェクト」を立案し遂行するにあたって留意すべき点が五つある。①人類の生活の基礎的なもの、とりわけ衣食住に題

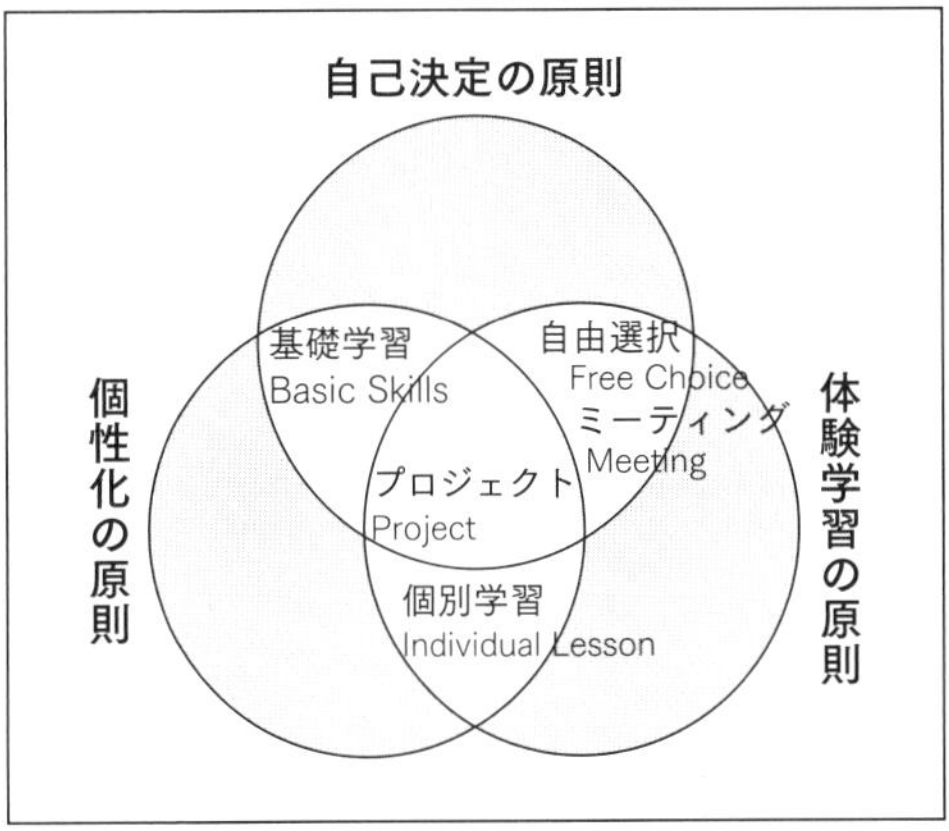


図1

材を求める。②肉体や手足を使う作業が中心、あるいは出発点となる。③子どもが興味を持って自発的に取りくむ知的探求である。④既成の知識を活用し、自分自身の知識を創造する。⑤活動の選択やグループの編成に柔軟性を持たせる。[注25]

「きのくに」のクラス編成は、完全縦割り方式で、年度初めに各クラスのプロジェクトのテーマによって、子どもたち自身が自分のクラスを選ぶ。そのため人数も男女比も学年のバランスもみな違ってくる。また、各クラスには二人または三人の担任がつく。

それでは、本書のテーマ「いのちのレッスン」という観点から「きのくに」の活動を見ていきたい。例えば、二〇一九年度のきのくに子どもの村小学校には「工務店」「クラフト館」「ファーム」「おもしろ料理店」「劇団きのくに」という五つのクラスがあるが、このうち「ファーム」では、三学期には白菜、大根、チンゲンサイ、桜島大根などを収穫した。ニワトリを飼育し、とれた野菜や卵でたくさんの料理をした。白菜をキムチにしたり、卵を使ってクッキーを焼いたりもした。

畑ではいろいろやさいをそだててきました。きゃべつやとうもろこしをそだててきました。にわとりはたまごを、七〇こぐらいうんでこまっています。それぐらいげんきということでうれしいです。にわとりごやのそうじとか、いろいろできてうれしいです。かわいさがとまりません。(一年　重野怜侍[注26])

その他、二〇一九年度のプロジェクトを通覧しただけでも、①戦争について学習し、研修旅行で知覧特攻平和会館を訪れて特攻隊員の遺品や遺書、顔写真などの展示を見学した、きのくに子どもの村中学校プロジェクト「わらじ組」、②収穫した作物をどうするか話し合い、世界と日本の郷土料理をつくったりホウキモロコシや綿で作品をつくったりした、かつやま子どもの村小学校プロジェクト「よくばり菜園」、③鬼や妖怪を調べて調査に出かけ妖怪マップやカルタづくり、お化け屋敷、さらには地元の鬼伝説を劇にして上演するなどワクワクドキドキの一年を過ごしたという、北九州子どもの村小学校プロジェクト「劇団ひらおだい」、④ほとんどの子が木工道具を使ったことのない状況から始まって一年かけて「トンカチウッドテラス」を作り上げた、ながさき東そのぎ子どもの村小学校プロジェクト「トンカチ工房」、⑤養豚に挑戦してアニマルウェルフェアを学んだ、南アルプス子どもの村中学校プロジェクト「くらしの歴史館」等、本書でこれまで紹介してきた「いのちのレッスン」に類似する実践が展開されている。[注27]

一九八〇年代の中頃、当時大阪市立大学に勤めていた堀は、小学生へのアンケート調査をおこない、「学校で一番楽しいのは何ですか」という質問に対して、「友達に会うこと」と答えた子が大都市の子の場合六五パーセントにもなっている一方、「授業」と答えた子はたった二パーセントだったことにショックを受けた。「学校では授業が一番楽しい」と言ってくれる子が、できれば三分の一くらいいるような学校、しかも先生から監督されてする勉強ではなく、子どもたち自身が「おもしろそう」とか「なんだか興奮する」とか「なんとなく自分が大きくなったような気がする」と感じるような学校がほしい。それが一九八四年一〇月に「新しい学校をつくる会」を立ち上げるきっかけとなった。そして二〇一六年、「きのくに」の小学四年生以上に同じ質問をしたところ、五八パーセントの子が「授業が一番楽しい」と答えてくれたという。[注28]

「きのくに」には、子どもの持つ本性（nature）としての「神秘さや不思議さに目を見はる感性――センス・オブ・ワンダー」を発揮できる学びの場がある。つまり「わたしたちが住んでいる世界のよろこび、感激、神秘などをいっしょに再発見し、感動を分かち合ってくれる[注29]」仲間の子どもたちと大人たちがそばにいることを保障する場として「きのくに」は歩み続けていると、今年（二〇二〇年）七月におこなった取材を通してぼくは感じている。

## 注

1　高史明・岡百合子編『岡真史詩集　ぼくは12歳』筑摩書房　一九七六年　九三ページ。自殺した子どもが遺した日記や詩を収めたものとして、他にも杉本治『マー先のバカ――小学五年生が遺した日記』（青春出版社　一九八五年）や尾山奈々『花を飾ってくださるのなら――奈々十五歳の遺書』（講談社　一九八六年）などがある。

2　遠山の著書『かけがえのない、この自分、教育問答』（太郎次郎社　一九七四年）と『競争原理を超えて、ひとりひとりを生かす教育』（太郎次郎社　一九七六年）を組み合わせた筆者の造語。

3　今井康雄「新教育」、市村尚久「進歩主義教育」、教育思想史学会編『教育思想事典』勁草書房　二〇〇〇年　四一九ページ、四三九ページ、による。但し、堀真一郎によれば、「進歩主義教育」の名称はアメリカだけでなく英国でも用いられていたとされ、ニイルのサマーヒルも「進歩主義学校」の一つに挙げている（堀真一郎『ニイルと自由な子どもたち　サマーヒルの理論と実際』黎明書房　一九九九年　五四‐一五九ページ）。

4　今井前掲　四二〇ページ

5　子安美知子『ミュンヘンの小学生』中公新書　一九七五年　二一三‐二一四ページ

6　吉田敦彦『世界が変わる学び　ホリスティック／シュタイナー／オルタナティブ』ミネルヴァ書房　二〇二〇年　二五七ページ

7　堀『ニイルと自由な子どもたち』七一‐七八ページ。

8　堀『新装版　増補　自由学校の設計　きのくに子どもの村の生活と学習』黎明書房　二〇一九年　一〇一ページ

9　堀前掲二著を参考にまとめた。

10　吉田前掲　四二ページ

11　引用箇所の直前に、「全人教育」「総合学習」「生活つづり方教育」「シュタイナー教育」「オルタナティブスクール」「フレーベル幼稚園」「オープン教育」「フレネ教育」等が列挙されている。

12　同右　四四‐四六ページ

13　吉田前掲　二三七‐二三九ページ

14　堀『きのくに子どもの村の教育　体験学習中心の自由学校の20年』黎明書房　二〇一三年　一一八ページ
15　同右　一一〇ページ
16　堀『ホンモノの仕事に挑戦して学ぶ　―小中学生のための子どもの村学園の話―』学校法人きのくに子どもの村学園　二〇二〇年　四ページ
17　堀『自由学校の20年』一二六ページ
18　同右　一三〇ページ
19　同右　一五二ページ
20　同右　一二一ページ
21　同右　二〇四ページ
22　堀前掲　一七二-一七六ページ
23　同右　一七八ページ
24　同右　一七八ページ
25　堀『きのくに子どもの村　私たちの小学校づくり』ブロンズ新社　一九九四年　一六九-一七〇ページ
26　「きのくに子どもの村通信」第147号（2020.3.20）二ページ
27　同右　三-一〇ページ
28　堀『ホンモノの仕事に挑戦して学ぶ』二一-三、二七ページ
29　レイチェル・カーソン（上遠恵子訳）『センス・オブ・ワンダー』新潮社　一九九六年　二三-二四ページ

# 第13章　アイヌの声に耳を澄ます

本書の最終章として、日本の先住民族アイヌの人びとの言葉を書き留めておきたいと思う。四名のエッセイの中から、「いのちのレッスン」という観点から見て重要なメッセージと思われるものをいくつか紹介する。これを通して、アイヌの世界観や死生観に触れるとともに、今日的な課題について考えてみたい。

**天から役目なしに降ろされたものは一つもない**

最初は萱野茂の言葉から。アイヌ民族には「天から役目なしに降ろされたものは一つもない（カントオㇿワ　ヤクサㇰノ　アランケㇷ゚　シネㇷ゚カ　イサㇺ）」ということわざがある。

ネズミが木の根元をかじって木を枯らすのは間伐の役目。しかも、枯れた木に虫がつき、その虫で鳥がヒナを育てる。鳥が助かり、山も明るくなるわけである。また、小鳥が木の実や草の実を食べ、はるか遠くまで飛んで糞をするのは種運びの役目。リスがドングリを土に埋めて忘れた分は春に芽を出し、それがやがてナラ林になるとその実がクマの食べ物になる。誤って食べたら死んでしまうスルク（トリカブト）も、アイヌにとっては矢毒に用いる大切な草である。湧き水にいるウォルンペ（ノミのような小さな虫）は一匹飲んでも腹痛を起こすというが、これもトリカブトに混ぜて矢毒にする。

カラスは山の掃除屋でどんなものの死骸でも食べてくれ、アイヌの狩人に獲物のいる場所の上を旋回しながら、ここだよ、ここだよ、といわんばかりに教えてくれる。

イパコカリプ（ひとにまとわりつくもの）というヤマゴボウのいが毬のように、自らの力で遠くへ行けない草の実や木の実は、人間やさまざまな動物の体にまとわりついて遠くへ運ばれる。

まさに自然と人間は共生するものであることを、現代を生きる私たちは忘れていないだろうか。もう一度アイヌの心を繰り返そう。天から役目なしに降ろされたものは一つもない、と。[注1]

**カムイユカラ（神謡）「年寄りカラスはどこへ行った」**

山に映えているゼンマイ（クサソテツ）のことを、「アイラプキナ（矢羽根草）」という言い方があり、これにまつわる次のようなカムイユカラ（神謡＝神が自らのことを語る話）がある。[注2]

年寄りカラスはどこへ行った　俵を取りに行っている
その俵はどうしたの　お酒に醸してしまったよ
その酒はどうしたの　みんなで飲んでしまったよ
飲んだ後はどうしたの　うんちになってしまったよ
そのうんちはどうしたの　イヌが食ってしまったよ
そのイヌはどうしたの　それを殺してしまったよ
殺したそのイヌどうしたの　カラスが食ってしまったよ
そのカラスをどうしたの　あれあのとおり殺して　その羽根を矢羽根にして
浜のほうへ六〇本　山のほうへ六〇本
その矢を射飛ばし　それで生えたのが　クサソテツなのだよ

このユカラについて萱野は、「クサソテツが矢羽根にそっくりなので、それから想像をたくましくしてこのような物語にしているのである」と見ている。問答形式で展開し、「年寄りカラス－俵－酒－うんち－イヌ－カラス－矢羽根－クサソテツ」と、しりとりのように連鎖する。またこれら「登場者」の行為の間に時折、語り手自身の行為も入り込む。おおらかで緩やかな形ではあるが、生物と無生物が入り混じり、強者と弱者が交代していく「すくみの原理」を含み持つ。あらゆる存在が〈いのち〉あるものとしてつながっているという〈生命の織物〉の発想がここには見られる。また、第7章で紹介した子守唄「道ばたの黒地蔵」とよく似ていることにも驚かされる。

## サケはアイヌの魚

サケ（鮭）のことをアイヌ語では「カムイチェプ（＝神の魚）」または「シエペ（＝本当に食べるもの、主食）」と呼んでいる。アイヌというとクマの肉を主食にしていたと思われがちだが、クマの肉はめったに口に入るものではなく、アイヌたちは「カムイハル（＝神の食べ物）」と呼んでいた。これに対して、サケの方は「シエペ」の名の通り、大切にしていた食べ物であり、当てにして暮らしていた。それは、アイヌたちが定住の場を決めたのが、サケの遡上が止まるところまでであることからも分ると萱野は指摘する。

「アイヌは自然の摂理にしたがって利息だけを食べて、その日その日の食べ物に不自由がないことを幸せとしていたのである。それなのに日本人が勝手に北海道へやってきて、手始めにアイヌ民族の主食を奪い、日本語がわからない、日本の文字も読めないアイヌに一方的にサケを獲ることを禁じてしまった[注3]」。

昭和六年（一九三一）か七年頃、サケ密漁の罪により父・清太郎（アイヌ名アレクアイヌ）が巡査に引き立てられる様子を、幼い萱野（一九二六年生まれ）は目撃している。

父は板の間にひれ伏し、はい行きます、といったままで大粒の涙をポタッポタッと落とした。それを見た私は、あれっ、大人が泣いていると思ったが、次が大変であった。父は巡査に連れられ平取のほうへ歩き出し、私が泣きながら父のあとを追いかけると、私を連れ戻そうと大人たちが追ってくる。その大人たちの顔に私と同じに涙が流れていたのを、つい昨日のように思い出すことができる。

毎晩こっそり獲ってきて子どもたちに口止めしながら食べさせていたサケは、日本人が作った法律によって、獲ってはならない魚になっていたというわけであった。……

現在のサケとアイヌの関わりがどうなっているかを述べよう。北海道全土の漁協が獲っているサケの数は数千万匹という。その中でアイヌ民族が書類を出して獲らせてもらえる数といえば、登別アイヌが伝統的漁法であるラウォマプ（やな）で五匹獲れるのと、今一ヵ所は札幌アイヌがアシリチェプノミ（新しいサケを迎える祭り）のために獲れるのが数年前まで二〇匹であった。……

川は誰のためのものなのか、漁業組合なるものの占有物ではないはず。その流域でくらしている生きとし生きるものたちの共有財産であったものを、一部の人たちの思いのままにしていいのだろうか。[注4]



アイヌの多彩な神々

その昔、アイヌの村にはお寺も神社もなかったが、カムイウタラ（神々）の種類はかなり多いもので、それは自然の山であり川や海であり、自然そのものを神と崇めていたのである。アイヌ民族の側から見る山川草木は食料を蓄えてある倉庫そのものであり、魚を必要としたら小さい網を持って川へ走り、肉を食べたくなったら弓矢を手に山へ走った。すると、川の神さまは魚を供給してくれるし、山の神さまは肉を持たせてくれたし、海の神さまはこれまた海藻でも魚でもくれたし、アイヌがひもじい思いをしないほどに用意されてあった。

自然そのものにアイヌは命の根幹をにぎられ、そしてゆだねていたのであり、必要最小限のみを採取し、大方は天然資源に手をつけずに利息のみを食べるように心がけてくらしていた。[注5]

これに続いて、以下のような「アイヌが身近な神と考えていた自然、それらの神々」が紹介されている。「シリコロカムイ（＝大地を司る神、樹木の神）」、「アペフチカムイ（＝火のばあさん神）」、「ワッカウシカムイ（＝水の神）」、「アイヌエプンキネカムイ（＝人を守る神）」、「チセコロカムイ（＝家を守る神）」、「ルコロカムイ（＝便所の神）」……。ここには、「八百万の神々」という和人（日本人）の発想とも共通する多神教的・アニミズム的世界観がうかがえる。

## カムイイピㇼマ（神のささやき）

次は、萱野が一二歳の頃に体験した話である。

……狩りのための仮小屋がキツネに荒らされたときなどは、神が、危険なことがあるぞ、とそっと耳打ちをしてくれているので注意すべしと戒め合っていた。これをカムイイピㇼマ（神のささやき）という。……ある秋のこと、川向こうの畑へ豆刈りか何かの仕事のため、渡船場へ行くと、渡し守の貝沢金次郎さんがいうには、ゆうべ夜いっぱいペウレプウッカ（子グマの瀬）のところからキツネの声が聞こえた。

母たちに、それはカムイイピㇼマだから、何か心配なできごとがあるかもしれない、夕方暗くならないうちに帰ってきなさい、といわれ、早く帰ってきます、と返事をした。

一日働いてあまり遅くならないうちに帰ってきたが、夜になって村の上のほうから、ペウタンケハウ（危急を知らせる女性の細い叫び声）が聞こえ、村人たちは声のほうへ走った。

それはカンカンプト（カンカン沢の沢口）からで、川を馬車で渡ろうとしたところ、川の中で馬車がひっくり返り、乗っていたのぶという娘と、保という子どもは川岸へたどり着いたが、馬は死んでしまったのであった。

そのとき馬車に乗っていたうちの一人、貝沢保さんは今も元気でいるが、あのときの渡し守金次郎おじさんの注意と事故が重なったことで、忘れられないできごとの一つである。[注6]

一方、キツネが津波の発生を警告する次のような昔話もある。和人の抱くキツネのイメージは、稲荷神という神聖な存在の一方で、人間をだましたり化けて脅かしたりする悪戯者というものもあるが、アイヌの場合、もっと身近な援助者的存在のようである。

二匹の黒狐が去童《さるわらんべ》にいた。集落《コタン》の老人が漁場の親方に叩かれ、縄でしばられ庭に投げ出されていると、黒狐が助けてくれる。黒狐が祭壇のところで騒いでいるので、老人は「悪いものが沖から来るなら山に、山から来るなら沖に向かって行ってくれ」と頼む。黒狐が山の方へ向かって行ったので、集落中に知らせて高台に避難すると、津波がやってきた。集落の人たちは黒狐を神様として尊敬した。[注7]

ちなみに、地震のことをアイヌ語では「シリシモイエ（＝大地が自ら動く）」と言う。大地の下には大きな魚（和人のようにナマズではなくアメマスとされる）がいて、それが長い間動かないでいると腰が痛くなり、寝返りを打った時に地震が起きると信じられていた。地震が起きるとアイヌの女性は「ウォーイ、ウォーイ」と叫びながら、入口にいつも置いてあるイユタニ（手杵）を手に持って屋外へ飛び出る。その杵で「エイッケウェコッケ（おまえの腰をおれはつく）」と言いながら、力いっぱい大地をつき、男のほうは手元にあるアペパスイ（火箸）を両手で持って炉の灰の中へぐいっと突き刺す。エイッケウェコッケのまじない言葉を繰り返して、女は魚の腰の痛さを和らげようとし、男は火箸で魚の腰を突き刺して、動きを止めようとする。[注8]

## 「痛さは同じ」、器物送り

次も、萱野が子どもの頃の体験談である。

昭和一〇年前後のわが家の炉端の様子は、幅一メートル近く、長さ二メートルほどの広い囲炉裏の上に、これまた囲炉裏と同じような大きさ、広さのドナ（火棚）が下げられていて、屋根裏に火の粉がつかない役目を果たしていた。

子どもの私が立つときにまちがって火棚にゴツンと頭をぶつけると、まわりの大人たちは、ああよかった、よかった、茂も火棚に頭がぶつかるほど大きくなった、と笑っていたものであった。

頭をぶつけた私が目にいっぱい涙をためて痛さをこらえているのを見ていた祖母は、痛いのは火棚も同じなので、ぶつかったところへ息を吹きかけて、痛さを和らげてあげなさい、とアイヌ語でいった。

いわれるままに、今ぶつかった火棚のところに静かに息を吹きかけているうちに自分の頭の痛さも和らぐというもので、このことは火棚も痛さは同じといいながら、気を紛らさせて痛みを忘れさせる智恵であったかもしれない。

何はともあれ、アイヌ自身の手で作り組み立てた道具の火棚であり、痛さは同じというその心のうちには、それらの道具、器物それぞれに魂が宿っていると信じていた証であった。

……

アイヌは木のことを本当によく知っていて、堅い木、柔らかい木、割れやすい木、割れにくい木、しなやかで弾力のある木、などと、その木が持っている特徴を覚えていて、作るものによって使い分けた。弓を作るには弾力のあるイチイの木、食べ物の容器にはいやな味のしないカツラの木やイタヤの木を用い、木で作ったそれらのものには魂が宿っていると信じていて、古くなって使えなくなったらていねいに神の国へ送り返すことになっていた。それらの器物を送ることをチョイペプイワッテ（器物送り、器物を帰らせる）という。[注9]

## 死後の世界＝「神の国」

アイヌは今ここで死んだとしても、神の国つまりこの大地の裏側にことまったく同じ土地があり、そこには先に死んでいった先祖たちが待っていると信じていた。したがって、引導渡し（＝アイヌの葬儀における弔辞のこと：筆者注）のとき、たくさんのおみやげを持って神の国に待っている先祖たちのところへ行くようにすれば、先祖たちがあなたを快く迎えてくれるであろうという意味の言葉がある。

神の国への先導役はイルラクワ（送りの墓標）で、その墓標の先端には火の神さまの分身とされている消し炭が塗られている。消し炭は光を発すると考えられていて、死者は墓標の先の光で足下が照らされ、迷うことなく先祖の待っている神の国へ到着する。

すると神の国の者たちは、墓標の先に巻いてあるウトキアッ（四つ編みのひも）を見て、身内であるか否かを識別して迎え入れるのである。

このような具合に、死そのものは誰しもいやであるけれども、死んだあとあとのことも筋書きができていて、年をとっても死に対しての恐怖心を和らげているような気がする。祖母の場合がそうであった。本当のアイヌの風習による葬式をした、かつての老人たちのことを思い返すと、彼らが自分たちの死後の世界を深く信じていたことをうかがい知ることができる。[注10]

## ウポポ、ルンセ、カムイ

第8章において「溶解体験」のことを記したが、アイヌにも同様の考え方がある。チカップ美恵子のエッセイから引用しておこう。

伯父（=山本多助：筆者注）はウポポをこよなく愛していた。私たち子どもにウポポを教えるときも、いつも真剣だった。ウポポは「カムイ：神」に捧げる奉納舞踊であり、カムイたちへの感謝の気持ちが込められている。それはウポポという言葉にも表れている。ウポポというのは「手拍子をとってうたう」ということであり、「互いにだんだん熱くなる」という意味である。ウポポの同義語に「ルンセ（溶けて、熱くなる）」（山本多助訳）という言葉がある。ルンセはフォルムを付けて踊ることを意味する。ウポポもルンセも「互いに熱情をもって一つに溶け合う」ということである。ウポポというものはカムイと溶け合って踊るという意味だから、生命の歓喜に満ちあふれているということであろう。[注11]

ところで、ここに登場する山本多助は、アイヌ民族のカムイに対する考え方を次のように記している。

アイヌ民族のカムイに対する考え方は、人ありて神あり、神ありて人ありという互助精神の上に常に対等なのだ。したがって神といえども、間違った行動のある時は神道を踏みはずしたとして、「チャランケ：談判」を受ける。アイヌたちもまた人道を間違えたときは、神々によって強く罰を受けるとされている。和人たちの神というのは、人力の及ばないものとされ、信仰の対象のみのものとされている。これがアイヌ民族のカムイと和人の神の大きな違いであろう。[注12]

## アイヌとは何か

次に、宇梶静江の言葉をいくつか紹介する。

私の両親は伝統的なアイヌでしたが、私たちにことさらアイヌ文化を教え込もうとはしませんでした。むしろ、日本人の社会に適応できるような人間に育てようとし、私たちを守ってくれました。しかし、両親の日々の生活ぶりが私にアイヌとは何かということを教えてくれました。

太陽の神が見ているから、間違った行いはしてはいけない、他の動物に負担をかけてはいけない、自然の恵みを全部取ってはいけない、といったことを繰り返し、繰り返し教えてくれました。日常の言動のなかで、アイヌの生き方、価値観を教え込まれたのです。両親はこんなことをよく言っていました。火のそばで熊の悪口を言ってはいけない、火のカムイ神と熊の神は仲がいいから、悪口を言ったことをクマに話してしまう。そうすると、熊が怒って、人間の狩人に捕まってくれないと。アイヌは、自然の森羅万象、あらゆる動植物、人間が使う道具にカムイ神が宿っていると信じています。その神々が私たちを庇護や恵み、ときには試練を与えてくれます。

しかし、そのカムイは絶対的な存在ではなく、間違いを犯すこともある人間的な神です。

カムイと人間の関係は、カムイは私たちに生きる糧を与えてくれ、私たちはそのことに感謝して、カムイが喜ばれるものを捧げるという、相互的な関係です。アイヌのモラルとは、そうしたカムイに恥じない人間となる、生き方をするということです。[注13]

## アイヌの精神性

……親たちは常に神を敬うことを忘れません。「火のカムイを粗末にするな、水を汚すな」とよく言われました。たとえば、植物の採集の時など、「成長している植物を頂く、未成熟なものは採ってはいけない。種を絶やすな、生き物たちをよく観察しなさい、あのものたちは、自分の生き方を大切にしている。お前たちも、子どもなら子どもらしくしなさい。水は生きているんだよ」などと、言われたものです。海や陸地や、山や野から、食物や、生活に必要なものを頂いているのだから、と。……

アイヌの精神性は、きっと地球がもたらす尊いことがらを心の深くに据えて、敬って生きることではないかと思うのです。だから山の中で茸などに出会うと、敬って感謝する。「ありがとう茸さん、あなたを頂いて食べさせて頂きます、そしてあなたと生きるのです」と言って唄ったり、踊ったりします。[注14]

## アイヌ民族が果たすべき役割

　これからアイヌ民族が果たすべき役割は大きい。壊され続けている土壌、汚された空気、汚水、海村の悲惨を、アイヌの祈りで修復しなければなりません。山や野の修復は、木々を植え、水を貯え、満たされた水の流れを野に送るのです。山や野、水中に生息するさまざまな生物たちがいます。私たちはカムイに示された役割を果たさなければなりません。アイヌが地球の汚れを清め、汚れた空気や水の中で息絶え絶えながら生息している者たちを救わなければならないのです。……

　私たち先住民は、自然の破壊を畏れ、自然の破壊こそが私たちの精神性そのものの破壊であると受け止めてきたものです。今の事態は異常であり、自然に毒物が蔓延しています。天がどんなに清い雨を降らせても、地上の毒物は清い水を汚し、一層毒物を蔓延させてしまいます。

　今、日本の中のアイヌ民族と、世界の先住民族が相集い、このような現象に対する対策を協議しています。私は、未来に向け、今存在している生き物たちが持続的に共存できる世界を取り戻したいのです。[注15]

## アイヌ差別の原体験

一九四六年生まれの北原（旧姓小田）きよ子は、小学一年生の時、次のような体験をしている。

通学区には新一年生が一〇人、二年から六年までが一〇人。学校から一番遠い私が山道をぬけ、牧場をぬけ、大きい道に出る。道の左右から同級生や上級生が出てきて、学校まで丁度半分の距離にある坂道の手前で全員が揃う。現代のように車がひんぱんに通るわけではないから、二〇人がてんでんに歩いていく。

あるとき、「やあい、アイヌ」と上級生のひとりがいった。

自分にむかっていわれたとわからないで、ポカンとしている。次の瞬間、「アイヌ、アイヌ」と声を揃えていうと、ワッと笑い、一団になって走っていく。わけがわからないまま、あとを追って走る私に、「アイヌ、アイヌ」の声があびせられる。……

帰りは一年生だけ。担任はいくつかの通学域ごとに途中まで送ってくれた。……何とはなしに女の子だけになる。ひとりの子が「この人、男の筆入れ持ってんだよ」といって笑う。……いいだしっぺはいつも、ケイコという子だった。……「オトコ、オトコ」の合唱が、「ビンボーニン」になる。毎日、何かしら、からかいのタネを見つけ、「ビンボーニン！　アイヌ！」の合唱になる。

ある時、たまりかね「なんで」といいかけた。そこへ男の子の一団が追いついた。すると、大声ではやしたてていたケイコちゃんが両手を目にあて、泣きながら「オダさんがいじめる」といった。「何だ、こいつ生意気に」というなり男の子のボス格が、ぽかりと私を殴る。泣きまねをする子、殴る子、一瞬のできごとに、事態が理解できない。……

ある日「アイヌって何？」と、両親にきいてみた。

「誰がそんなことをいった」

「みんな」

「そんなことをいうのは、くだらない奴だ、相手にするな」

相手にするなといっても、いつも、難くせをつけてくるのは、先方でおおぜいだ。[注16]

北原がこのような目に遭った背景には、一八九九年に制定され、一九九七年に前述の萱野らの尽力によって「アイヌ文化振興法（アイヌ新法）」が制定されるまでの約百年間ずっと効力を持っていた「北海道旧土人保護法」がある。同化政策としてのこの法律の下で、アイヌ民族は「旧土人」と見なされ、「開拓者」として移住してきた和人たちによって差別を受けてきた。サケを獲ることを禁止され、土地を取りあげられ、学校でアイヌ語を話すことも禁止された。

二〇〇八年、「アイヌの先住権を求める決議」が国会で可決され、ようやく先住民族であることが法的に認められたが、前述したように漁業権や土地所有権をはじめ、民族的差別は今も解消されていない。今年（二〇二〇年）七月、白老町に国立アイヌ民族博物館、国立民族共生公演、慰霊施設などからなる「民族共生象徴空間〈ウポポイ〉」が開館したが、アイヌ文化が暮らしから切り離されて博物館の陳列品となることを宇梶は危惧する。「アイヌがアイヌとして生きるすべを手に入れたときにはじめて、アイヌ文化が生きたものとなるのです[注17]」。

人間が〈生命の織物〉として他のいのちとつながっていることを認め、互いのいのちを尊重し合い、共感しながら生きていくことをモラルとしてきたアイヌの人びとの「隣人」である和人が、このモラルを踏みにじり、アイヌを痛めつけてきた歴史のことを、「隣人」の一人として、ぼくたちはきちんと知らなければならない。その上で、この現状を変えていくために自分にできることは何かを考え、これを行動に移していく必要がある。それもまた大切な「いのちのレッスン」に他ならないだろう。

私たちはかけがえのない地球に生きている。この星のすべての生命は水があることで誕生したという。雨となって大地に降り注ぐ水は生命をもたらし、やがて天に還ることで循環を永遠にくり返す。アイヌ民族は森羅万象にカムイが宿ると信じ、感謝の祈りを捧げて自然界と一体になる生活をしてきた。アイヌ・モシリ（人間の大地）では人間もまたその自然の中で生かされている一つの生命体である。地球の「生命のめぐりの環」の中で、アイヌ・ネノ・アン・アイヌ（人間らしい人間）として生きる。[注18]

萱野さん、チカップさん、宇梶さん、北原さん、イヤイライケレー（感謝いたします）。

**注**

1 萱野茂『アイヌ歳時記　二風谷のくらしと心』平凡社新書　二〇〇〇年　二二九 - 二三〇ページ

2 同右　四八 - 五〇ページ

3 同右　八六ページ

4 同右　八六 - 八九ページ。なお、後ほど紹介する宇梶静江も、以下のように述べている。「いま、アイヌ民族の将来が決まる重要な岐路に立っている。そういう思いで必死に生きています。同胞の皆さんに心からのお願いです。先祖から受け継いだアイヌの魂と豊かなアイヌ文化を子孫に受け渡せるように、アイヌの暮らしを取り戻す、その第一歩としてアイヌの漁業権の回復のために立ち上がろうではありませんか」（宇梶二〇二〇：三九二 - 三九三）

5 萱野前掲　九四ページ

6 同右　一一五 - 一一六ページ

7 北海道日高・新冠郡新冠町万世、稲田浩二・小澤俊夫『日本昔話通観』第一巻、同朋舎　一九九〇年　五二五ページ

8 萱野前掲　一九九ページ

9 同右　一二〇 - 一二二ページ

10 同右　一七六 - 一七七ページ

11 チカップ美恵子『森と大地の言い伝え』北海道新聞社　二〇〇五年　一六 - 一七ページ

12 同右　八八 - 八九ページ。原典は山本多助『釧路アイヌの昔話と伝説』（第一巻、第二巻）

13 宇梶静江『大地よ！　アイヌの母神、宇梶静江自伝』藤原書店　二〇二〇年　二六三 - 二六四ページ

14 同右　三二九 - 三三一ページ

15 同右　三六二 - 三六三ページ

16 北原きよ子『わが心のカツラの木　滅びゆくアイヌと

いわれて』岩波書店　二〇一三年　二九‐三〇ページ
17　宇梶前掲　三八九ページ
18　チカップ美恵子『カムイの言霊　物語が織り成すアイヌ文様』現代書館　二〇一〇年　二一六ページ

# エピローグ

第1章の終わりに紹介したように、自らの死期を悟った一九六三年九月のある朝、レイチェル・カーソンは友人のドロシーと、メイン州ニューエイグンの岩礁海岸でオオカバマダラの「渡り」を目撃した。それから約七ヶ月後の六四年四月一四日、レイチェルは五六歳の生涯を閉じ、遺灰の半分がオオカバマダラの飛翔を見たニューエイグンの岩礁海岸から彼女の愛した海に還された。

レイチェルは、『センス・オブ・ワンダー』の中でこんなことを述べている。「わたしたちの多くは、まわりの世界のほとんどを、視覚を通して認識しています。しかし、目にはしていながら、ほんとうは見ていないことも多いのです。見すごしていた美しさに目をひらくひとつの方法は、自分自身に問いかけてみることです。『もしこれが、いままでに一度も見たことがなかったものだとしたら？　もし、これを二度とふたたび見ることができないとしたら？』と[注1]」。

先週（二〇二〇年七月末）のある朝、ＮＨＫラジオの「夏休み子ども科学電話相談」を聴いていたら、「捕まえたアサギマダラに名前を書いて、また飛ばすことができますか？」という質問をした女の子がいた。アサギマダラは、オオカバマダラと同様に「海を渡る蝶」として、数千キロを飛翔することで知られる。ちなみに、ぼくは二年ほど前にこの蝶のことを知って以来、いつか目撃してみたいと思っているが、まだ望みは叶えられていない。

回答者は自宅近くにある昆虫館の副館長さんだった。ぼくはてっきり、「アサギマダラはとても貴重な昆虫で、捕まえた時に羽根を傷つけることになり、時には殺してしまう可能性もあるからやめたほうがいいよ。それに、体には鱗粉がついているから普通のペンでは書けません」といった回答をされるものと予想していた。すると、「アサギマダラの羽根には鱗粉があまり付いていないところがあるから、そこに市販されているおなまえペンで捕まえた場所とか日にちとかを書いて、それから放してあげてごらん。できればそのことを科学館や博物館などに連絡してくれると、その蝶の移動ルートを知る手がかりになって、おじさんたちもとてもうれしいよ」といった回答だった。

「へぇ〜っ！」と思った。いつかアサギマダラを見つけた時、その羽根に例えば「おきなわけん・なごし2020・8・3」などと書いてあったらどんなにワクワクドキドキするだろう。読者の皆さんや子どもたちと、このアニマシオン感覚をぜひ分かち合いたいものだ。[注2]

ここで、本論全体のまとめに代えて、センス・オブ・ワンダーを深く知るためのキーワードとして挙げた七つの語句について、その思想史的な文脈を説明しておこう。発展的学習のために活用していただけるとうれしい。

## 〈いのちへの畏敬〉

カーソンが幼い頃、二〇世紀初頭のアメリカにおける「自然学習運動」に共感を寄せていた母の下で身につけた〈いのちへの畏敬〉とは、「美しいものを愛する心、自然の持つ生命との一体感、自然に対する愛と敬意」といった意味であることを第1章において紹介したが、〈いのちへの畏敬〉という発想を思想史的に見れば、「アニミズム（animism）」「自然崇拝（natural worship）」「自然宗教（natural religion）」「自然神学（natural theology）」等の系譜の中に位置づけられる。「アニミズム」は、英国の人類学者E・B・タイラーが『原始文化』（一八七一年）の中で宗教の起源として提唱した概念で、人間だけでなく動植物や無生物など、あらゆる事物に霊的な存在「アニマ」が宿っていると考える宗教的態度のことである。[注3] また「自然崇拝」は、一九世紀英国の比較言語学者・宗教学者M・ミュラーが、これが宗教の起源だと主張した概念で、自然現象や自然物を神格化して崇拝する宗教的態度を指す。[注4]

これに対して、「自然宗教」は自然そのものが神聖であるという考え方、「自然神学」は目に見える自然物や自然現象の背後もしくは基底に「神」の存在を見いだすことができるとする考え方で、「自然崇拝」と似ているが、両者はいずれも古代ギリシャの時代より常に西欧思想において見られた観念であり、「自然の御業はいたるところで神《ディーイティ》の存在を充分に立証している」というJ・ロックの言葉が示すように、特にルネサンスから一八世紀にかけて盛んになった。なお現代の哲学において、「自然神学」は理性・認識・内省といった人間の本性（nature）としての認知的能力を用いて宗教的・神学的な事象を探求するという学問的立場を示す概念とされる。注5

**〈生命の織物〉**

人間同士もしくは人間と他の動植物、さらには森羅万象との間に、相互依存的で互助的な関係性（ネットワーク）があり、共同でより大きな何ものかを織り上げているという見方を表した言葉で、思想史的には「生態学（エコロジー ecology）」の系譜に位置づけられる。「生態学」とは、生物やそれを取り巻く環境の関係全般を研究する学問分野であると同時に、その成果も取り込みつつ自然環境との共生をめざす環境思想を意味する。一九世紀アメリカのH・ソローやスワローらの思想を背景に、一九六〇年代の環境問題を訴える市民運動（エコロジー運動）を経て定着した。注6さらにG・ベイトソンやE・コッブ、F・ガタリ、T・モートン等によって、生態学（エコロジー）は「精神」や「イマジネーション」など自然科学を超えた幅広い文脈で用いられるようになった。注7 例えばモートンは次のように語る。「…モダニティが、人間が自分でそれとなく意識しなくても人間中心主義的でいることのできた最後の時代であったのに対し、今は、もしなおも人間中心主義的であろうとするならば、そうであろうとあえて選択しなくてはならない状況にあるからです。……だから、モダニティを脱出した次の時代をあえて名づけるとしたら、それは『エコロジカルな時代（ecological era）』になるでしょう[注8]」。

## 〈大きな力〉

本論では、「人間を含む生きとし生けるものを支配し導いている絶対的な力」との意味でこの言葉を用いたが、思想史的な系譜をたどれば、万物（すべての出来事）がそのまま神であり、神の現象であり、万有のほかに神はないという思想を指す「汎神論（pantheism）」の立場に近い。「汎神論」は日常的利益と結びついていない点において日本の八百万の神や古代ギリシャの神々のような「多神論」と異なり、一方で神の倫理的人格的把握を欠いている点においてキリスト教のような「有神論」と異なる[注9]。加藤廣隆は、日本人の宗教性の特徴を、「あらゆるものに霊魂を認める点でアニミズム的であり、畏敬の念の対象を、決定的な差別をせずに『カミやホトケ』と呼ぶように、絶対的な区別をすることなく崇拝する点で汎神論的である」として、「アニミズム的汎神論的宗教性」と呼んでいる[注10]。

もう一つ、近年、分析哲学の領域で話題になっている「汎心論（panpsychism）」という立場も類似する。これは「宇宙のすべての事物は、人間や動物だけではなく、植物や普段は『無生物』として分類される事物でさえ、『内的』または『精神的』存在を所持する[注11]」という考え方であるが、この「内的・精神的」存在を、超越的で絶対的な目に見えない力と解釈すれば、〈大きな力〉に近い意味となる。またこれを「霊魂（アニマ）」と読み替えれば「アニミズム」にも近似する。「汎神論」「汎心論」「アニミズム」、三者の関係性については今後さらに検討してみたい。

**〈未来に対する責任〉〈地球は人間だけのものか〉**

これら二つの主張や問いかけは、一九六〇年代以降のアメリカを中心として発展を見せた、人間と環境とのかかわりを律する思想や規範について研究する「環境倫理学」の系譜に位置づけられる。「環境倫理」の主張として、自然との関わりにおける「人間中心主義」からの脱却、つまり人間にとって役立つかどうかという基準で自然と関わるのではなく、自然そのものに固有の価値を重んじてその保存を優先するという「人間非中心主義」や「自然の権利」、地球の環境や資源は無制限ではなく限りあるものだとの前提の上に立ち、従来の経済の仕組みを根本から改めようとする「地球有限主義」、現在の世代には生態系や資源を未来に向けて保全する責任があり、未来の世代に一方的に負担をかけたりその生存の可能性を狭めたりしてはならないとする「世代間倫理」などが挙げられる。

**〈もう一つの道〉**

自然を人間の生活に役立つために存在するものと見なす人間中心主義的な自然観の道を放棄して、環境や生命の安全を優先し、自然との共生への道を選択するとの意味を持つカーソンのこの言葉は、「持続可能な社会」や、二〇一五年に国連で採択された、二〇三〇年までに達成すべき一七項目の「持続可能な開発目標（Sustainable Development Goals [SDGs]）」を先取りする理念と言える。

私たちの地球で　なにが起きているの？
世界には　学校に行けない子どもたちがいるのに
学校が　つまらないと思う子もいる
貧しくて　お腹がすいている人がいるのに
食べ物が　どんどん捨てられている
自然災害が　激しくなってきているし
海は汚れて　ゴミはお魚よりも　多くなりそうだ
お金持ちと　貧しい人の差が　ひろがっている
そして　お金持ちも　貧しい人も　病気で苦しんでいる
これは　世界のどこかだけではなく
私たちの　日本でも起きているおはなし
このままだと　ずっと受け継いできた地球を
未来につないでいけないかもしれない
私たちは　どうしたらよいの？

地球を　未来を　「持続可能」にするんだ
今も　未来も　同じように　よりよく暮らせるように
私たちが大きくなる　二〇三〇年までの目標「ＳＤＧｓ」を
世界のみんなで決めたんだ[注12]

**〈ふしぎがり〉**

これは、自分の身の回りの世界に対して好奇心を持ち、関わりを持とうとする態度を指すが、哲学的人間学の創始者の一人Ｍ・シェーラーが提起した、人間の特性としての「世界開放性」という文脈で解釈することもできる。シェーラーは、生物学者Ｊ・ユクスキュルの環境世界論（生物は本能によって種固有の環境世界に繋ぎとめられているとする説）を批判的に摂取し、人間は本能が欠如していることによって、環境からの直接的な刺激に対して拒否することができるとして、この環境に対して距離を取るという精神の能力において人間は環境から離脱して世界に開かれており、それ故に自由かつ創造的に生きることが可能となると説いた。[注13]〈ふしぎがり〉は、こうした「世界開放性」を保持している人間であればこそ発揮される、次の一歩のための「駆動力」と言えるだろう。

以上、カーソンの『センス・オブ・ワンダー』が持つ思想史的な奥行きと広がりについて必ずしも明確なチャート（海図）を示すことができたとは言えないが、単なる環境保護運動のハンドブックとして扱うにはもったいない、豊かな内容を含んでいることはご理解いただけたのではなかろうか。この海図を手引きの一つとして、読者の皆さん一人ひとりがそれぞれの関心をもって、〈ふしぎがり〉のオールを握りしめ、水面へと漕ぎ出していかれることを願っている。その際、本論の中でも述べたように、ここに紹介した人物や事柄（活動）はぼく自身の主観的で偏りのある取捨選択の結果なので、ぜひ各自の関心と用途に合わせたオリジナルの「増補版」を作っていただきたい。

二〇一〇年、子どもの文化研究所発行『研究子どもの文化』第12号「特集〈センス・オブ・ワンダー〉」の企画・編集に携わった時から、いつかこのテーマを膨らませて一冊の本にできたらと考えていた。昨年（二〇一九年）暮れに叢書「子どもの文化ライブラリー」の第二号としてこの願いを実現できることになり、当初は何人かの方にご寄稿いただき共著の形にする計画だったが、事情により、予定を変更して一人で書かざるを得なくなった。関連資料を集め揃え、今年三月から執筆に取り掛かって間もなく、新型コロナウィルス感染症が日本にも広がってきた。卒業式と新年度入学式が中止となり、授業や会議もすべてオンライン形式という自宅軟禁状態となったため、本書の執筆を通して自分自身と向き合う時間が十分にできてしまったのは「瓢箪から駒」というべきか。

その結果として、自分自身のライフヒストリーをたどるような内容になってしまった。なかでも高校から大学時代にかけて読んだ鳥山敏子の本をほぼ四〇年ぶりに再読して、自分の原点がここにあることが確認できたのは思いがけない収穫だった。その後の四〇年にわたる、ロシア・ソビエト教育、オルタナティヴ教育、生活綴方教育、児童文学、昔話、子守唄・わらべうた、遊び、祭り・年中行事等々、子どもの文化と教育をめぐる多岐にわたっての調査研究の歩みは、風見鶏のように風の吹くまま気の向くままというのが実情ではあったが、今回「センス・オブ・ワンダー」という縦糸と交差させるにふさわしいカラフルな横糸として、適材適所でそれなりの輝きを見せているのではないかと一人ごちている。ただし成功したかどうかの最終的な判断は、もちろん読者の皆さんに委ねたい。

故藤本浩之輔先生、故稲田浩二先生、上遠恵子先生、尾原昭夫先生、酒井董美先生、堀真一郎先生、山本清洋先生、故アイオナ・オーピーさん、西舘好子さん、高橋晴子さん、筒井悦子さん[注14]、藤岡扶美さん、千葉和さん、鈴木幸子さん、加用文男さん、矢野智司さん、吉田敦彦さん、高木史人さん、加藤理さん、竹田恵さん、鈴木久仁子さん、朴シネさん、今村光章くん……、他にも数多くの皆さんとの出会いとつながりのおかげで、本書を織り上げることができました。心より感謝申し上げます。

また編集にあたっては、港の人の上野勇治さんにひとかたならぬご尽力をいただきました。改めてお礼を申し上げます。

本書を、オオカバマダラやアサギマダラとの出会いを夢見るすべての〈ふしぎがり〉たちに捧げます。

鵜野祐介

二〇二〇年八月七日

## 注

1 レイチェル・カーソン『センス・オブ・ワンダー』新潮社　一九九六年　二八ページ

2 アサギマダラを一般市民が捕獲してマーキングすることには反対意見もあることを本文脱稿後に知った。注記しておく。

2 『用語集「倫理」』清水書院　二〇一九年　四二ページ

3 同右　四三ページ

4 バジル・ウィリー（三田博雄他訳）『十八世紀の自然思想』みすず書房　一九七五年、二ページ他

5 『用語集「倫理」』二七二ページ

6 グレゴリー・ベイトソン（佐藤良明訳）『精神の生態学』思索社　一九九〇年、イディス・コッブ（黒坂三和子他訳）『イマジネーションの生態学　子供時代における自然との詩的共感』思索社　一九八六年、フェリックス・ガタリ（杉村昌昭訳）『三つのエコロジー』平凡社　二〇〇八年、Timothy Morton, *Ecology without Nature.* 2012（『自然なきエコロジー』未邦訳）

7 篠原雅武『複数性のエコロジー　人間ならざるものの環境哲学』以文社　二〇一六年　一三九ページ

8 『キリスト教大事典』教文館　一九六三年（改訂新版一九九五年）八五六ページ

9 加藤廣隆『カウンセリングにおける宗教性　アニミズム的汎神論的宗教性とトポス』創元社　二〇一七年二一ページ

10 Paul Edwards (ed.) *The Encyclopedia of Philosophy.* New York: Macmilan, 1967, vol. VI, p.22（冲永宜司「『汎心論』とウィリアム・ジェイムズ」、『現代思想』vol.48-8　青土社　二〇二〇年　一二四ページ）

11 原琴乃『わたしがかわる　みらいもかわる　SDGsはじめのいっぽ』汐文社　二〇二〇年　一‐一五ページ（字間や平仮名を漢字にするなど表記を一部変更）

12 矢野智司『意味が躍動する生とは何か　遊ぶ子どもの人間学』世織書房　二〇〇六年　五九および一三〇‐一三一ページを参照。

13 筒井さんは本文脱稿後の九月四日、逝去された。紙面をお借りして心からご冥福をお祈りしたい。

## 引用・参考文献


アレクシエービッチ、スベトラーナ（松本妙子訳）『チェルノブイリの祈り　未来の物語』岩波現代文庫　二〇一一年

石牟礼道子『苦海浄土』講談社文庫　二〇〇四年

同　『あやとりの記』福音館文庫　二〇〇九年

伊丹政太郎『遠野のわらべ唄』岩波書店　一九九二年

稲田浩二・稲田和子編『日本昔話ハンドブック』三省堂　二〇〇一年

稲田浩二・小澤俊夫『日本昔話通観』第一巻、同朋舎　一九九〇年

ウィリー、バジル（三田博雄他訳）『十八世紀の自然思想』みすず書房　一九七五年

宇梶静江『大地よ！　アイヌの母神、宇梶静江自伝』藤原書店　二〇二〇年

鵜野祐介「子守唄の種類と地域性」、『別冊　環　⑩　子守唄よ、甦れ』藤原書店　二〇〇五年

同　「フィールドノーツ　大阪府能勢町における年中行事「狐狩り」「亥の子」研究ノート（1）」、梅花女子大学大学院文学研究科児童文学専攻　伝承児童文学・近代以前日本児童文学合同研究会『鼓―伝承児童文学・近代以前日本児童文学　研究と資料』第3号　二〇〇七年所収

同　「子ども社会研究の課題と展望―教育人類学の視角から―」、日本子ども社会学会『子ども社会研究』第15号、二〇〇九年所収

同　『子守唄の原像』久山社　二〇〇九年

同　「ユニバーサル・デザインとしてのうた・語り」、子どもの文化研究所『子どもの文化　二〇一四　7＋8』二〇一四年所収

同　「英国シェトランドの火祭り『アッペリアー』が育む子どもの『生きる力』」、子どもの文化研究所『研究子どもの文化』第18号　二〇一六年所収
同　「うたとかたりの対人援助学　第10回　かたりの文化としての手話　その4」、対人援助学会ウェブマガジン『対人援助学マガジン』第37号、二〇一九年所収
同　「手話を用いた語りの研究序論―文化的ダイバーシティ・文化的エコロジーと説話伝承―」、日本口承文芸学会『口承文芸研究』第43号、二〇二〇年所収
オースター、ドナルド（中山茂他訳）『ネイチャーズ・エコノミー　エコロジー思想史』リブロポート　一九八九年
大瀬敏昭『学校を創る』小学館　二〇〇〇年
同『学びの風景』世織書房　二〇〇三年
同『学校を変える』小学館　二〇〇三年
同『輝け！　いのちの授業』小学館　二〇〇四年
オーピー、アイオナ&ピーター（平野敬一監訳）『イーソーを見た　子どもたちのうた』ほるぷ出版　一九九三年
冲永宜司「『汎心論』とウィリアム・ジェイムズ」、『現代思想』vol. 48-8、青土社　二〇二〇年所収
小原國芳、荘司雅子監修『フレーベル全集』第一巻、玉川大学出版部　一九七七年
カーソン、レイチェル（上遠恵子訳）『センス・オブ・ワンダー』新潮社　一九九六年
同（青樹簗一訳）『沈黙の春』新潮社　二〇〇一年
香川七海「『あたりまえ』を離れて『間違い』を歩むという実践―小学校教師・鳥山敏子の視点から考える―」、子どもの文化研究所『子どもの文化』二〇二〇年九月号所収

かこさとし『未来のだるまちゃんへ』文藝春秋　二〇一四年
ガタリ、フェリックス（杉村昌昭訳）『三つのエコロジー』平凡社　二〇〇八年
加藤理「『歌津てんぐのヤマ学校』の活動と『生きる力』の形成―蜘瀧仙人の活動記録を中心に―」、子どもの文化研究所『研究子どもの文化』第18号、二〇一六年所収
同『児童文学と教育の〈間〉古田足日『宿題ひきうけ株式会社』から『おしいれのぼうけん』まで』港の人　二〇一九年
加藤廣隆『カウンセリングにおける宗教性　アニミズム的汎神論的宗教性とトポス』創元社　二〇一七年
神奈川新聞報道部『いのちの授業　がんと闘った大瀬校長の六年間』新潮社　二〇〇五年、文庫版二〇〇七年
金子みすゞ『新装版　金子みすゞ童謡全集・Ⅱ　空のかあさま』ＪＵＬＡ出版局　一九八四年
上岡克己他『レイチェル・カーソン』ミネルヴァ書房　二〇〇七年
上遠恵子『レイチェル・カーソン　いまに生きる言葉』翔泳社　二〇一四年
亀井伸孝『手話の世界を訪ねよう』岩波書店　二〇〇九年
萱野茂『アイヌ歳時記　二風谷のくらしと心』平凡社新書　二〇〇〇年
加用文男『子ども心と秋の空　保育のなかの遊び論』ひとなる書房　一九九〇年
加用文男・木下孝司・加藤義信編『子どもの心的世界のゆらぎと発達　表象発達をめぐる不思議』ミネルヴァ書房　二〇一一年
川田順造『聲』ちくま学芸文庫　一九九七年
菊池暁・佐藤守弘編『学校で地域を紡ぐ　―『北白川こども風土記』から―』小さ子社　二〇二〇年

北原きよ子『わが心のカツラの木　滅びゆくアイヌといわれて』岩波書店　二〇一三年
キャメリニ、ヴァレインティナ（杉田七重訳）『グレタのねがい　地球をまもり未来に生きる』西村書店　二〇二〇年
キューブラー＝ロス、E（鈴木晶訳）『子どもと死について』中公文庫　二〇〇七年
教育思想史学会編『教育思想事典』勁草書房　二〇〇〇年
『キリスト教大事典』教文館　一九六三年
クオアラティエロ、アーリーン・R（今井清一訳）『レイチェル・カーソン　自然への愛』鳥影社　二〇〇六年
国松俊英『星野道夫物語　アラスカの呼び声』ポプラ社　二〇〇三年
グレアム・ジュニア、フランク（田村三郎・上遠恵子訳）『サイレント・スプリングの行くえ』同文書院　一九七〇年
黒田恭史『豚のPちゃんと32人の小学生』ミネルヴァ書房　二〇〇三年
高史明・岡百合子編『岡真史詩集　ぼくは12歳』筑摩書房　一九七六年
小梅けいと漫画、アレクシエービッチ原作『戦争は女の顔をしていない』KADOKAWA　二〇二〇年
コット、ジョナサン編（鈴木晶訳）『子どもの本の8人　夜明けの笛吹きたち』晶文社　一九八八年
コッブ、イディス（黒坂三和子他訳）『イマジネーションの生態学　子供時代における自然との詩的共感』思索社　一九八六年
小林登『こどもは未来である』岩波書店　一九九三年
小牧治・泉谷周三郎『新装版　人と思想31　シュヴァイツァー』清水書院　二〇一六年
子安美知子『ミュンヘンの小学生』中公新書　一九七五年

佐藤成『証言　宮澤賢治先生　イーハトーブ農学校の1580日』農文協　一九九二年
シェーファー、R・マリー（鳥越けい子他訳）『サウンド・エデュケーション』春秋社　一九九二年
シェーファー、今田匡彦『音さがしの本　リトル・サウンド・エデュケーション』春秋社　一九九六年
塩原日出夫写真、鳥山敏子文『写真集　宮澤賢治の教え子たち　先生はほほ〜っと宙に舞った』自然食通信社　一九九二年
篠原雅武『複数性のエコロジー　人間ならざるものの環境哲学』以文社　二〇一六年
菅野覚明・山田忠彰監修『用語集 倫理 新訂第4版』清水書院　二〇一九年
ソロー、ヘンリー・D（小野和人訳）『メインの森　真の野生に向う旅』講談社学術文庫　一九九四年
同（今泉吉晴訳）『ウォールデン　森の生活』小学館　二〇〇四年
竹田恵「戦後日本におけるモンテッソーリ教育再導入―「善福寺子供の家」を事例として―」、『横浜国立大学教育学会研究論集』第2号　二〇一五年所収
多田満『センス・オブ・ワンダーへのまなざし』東京大学出版会　二〇一四年
チカップ美恵子『森と大地の言い伝え』北海道新聞社　二〇〇五年
同『カムイの言霊　物語が織り成すアイヌ文様』現代書館　二〇一〇年
チュコフスキー、セルゲイ（樹下節訳）『ことばと心の育児学』理論社　一九八四年
筒井悦子『昔話とその周辺　語りながら考えたこと』みやび出版　二〇一九年
鶴見和子『南方熊楠』講談社学術文庫　一九八一年
遠山啓『かけがえのない、この自分、教育問答』太郎次郎社　一九七四年
同『競争原理を超えて、ひとりひとりを生かす教育』太郎次郎社　一九七六年
鳥越けい子『サウンドスケープの詩学　フィールド篇』春秋社　二〇〇八年

鳥山敏子『いのちに触れる　生と性と死の授業』太郎次郎社　一九八五年
同　『イメージをさぐる　体・言葉・イメージの授業』太郎次郎社　一九八五年
同　『からだが変わる授業が変わる』晩成書房　一九八五年
同　『からだといのちと食べものと』自然食通信社　一九八六年
同　『賢治の学校』サンマーク出版　一九九六年
中沢新一『森のバロック』講談社学術文庫　二〇〇六年
永田栄一・かこさとし『鬼遊び』青木書店　一九八六年
中村桂子『生命誌とは何か』講談社学術文庫　二〇一四年
同　『「ふつうのおんなの子」のちから』集英社　二〇一八年
同　『中村桂子コレクション　いのち　愛づる生命誌2』藤原書店　二〇二〇年
中村哲『医は国境を越えて』石風社　一九九九／二〇二〇年
同　『天、共に在り　アフガニスタン三十年の闘い』NHK出版　二〇一三年
ニヴォラ、クレア・A（柳田邦男訳）『その手に一本の苗木を　マータイさんのものがたり』評論社　二〇〇九年
朴シネ『死の力　―死と向き合う教育―』晃洋書房　二〇一五年
畑山博『教師　宮沢賢治のしごと』小学館　一九八八年
蜂屋慶編著『教育と超越』玉川大学出版局　一九八五年
原琴乃『わたしがかわる　みらいもかわる　SDGsはじめのいっぽ』汐文社　二〇二〇年
原田俊孝『ワーズワスの自然神秘思想』南雲堂　一九九七年
藤本浩之輔編著『子どものコスモロジー　教育人類学と子ども文化』人文書院　一九九六年

同　『子どもの育ちを考える　遊び・自然・文化』久山社　二〇〇一年
ベイトソン、グレゴリー（佐藤良明訳）『精神の生態学』思索社　一九九〇年
星野道夫『イニュニック［生命］―アラスカの原野を旅する―』新潮文庫　一九九八年
同　『ナヌークの贈り物』小学館　一九九六年
堀真一郎『きのくに子どもの村　私たちの小学校づくり』ブロンズ新社　一九九四年
同　『ニイルと自由な子どもたち　サマーヒルの理論と実際』黎明書房　一九九九年
同　『きのくに子どもの村の教育　体験学習中心の自由学校の20年』黎明書房　二〇一三年
同　『新装版　増補　自由学校の設計　きのくに子どもの村の生活と学習』黎明書房　二〇一九年
同　『ホンモノの仕事に挑戦して学ぶ　―小中学生のための子どもの村学園の話―』学校法人きのくに子どもの村学園　二〇二〇年
ボルノウ、O・F（森昭他訳）『教育を支えるもの　教育関係の人間学的考察』黎明書房　一九八七年
マーク＝トゥエイン（石井桃子訳）『トム・ソーヤーの冒険』上　岩波少年文庫　一九五二年
マータイ、ワンガリ（小池百合子訳）『へこたれない　UNBOWED　ワンガリ・マータイ自伝』小学館文庫　二〇一七年
松本尚子「よい子・わるい子」、『ひろば』春季号45　一九七〇年四月号
まど・みちお『いのちのうた　まど・みちお詩集』ハルキ文庫　二〇一一年
水木しげる『猫楠　南方熊楠の生涯』角川文庫　一九九六年
森田勇造『祭りと年中行事』青少年交友協会・野外文化研究所　一九九一年
矢野智司『子どもという思想』玉川大学出版部　一九九五年
同　「解説」、藤本浩之輔『子どもの育ちを考える』久山社　二〇〇一年所収

同　『意味が躍動する生とは何か　遊ぶ子どもの人間学』世織書房　二〇〇六年
山田泉『「いのちの授業」をもう一度』高文研　二〇〇八年
同　『いのちの恩返し』高文研　二〇〇八年
山田修「シェトランド諸島」、木村正俊・中尾正史編『スコットランド文化事典』原書房　二〇〇六年所収
山本清洋『トム・ソーヤーからの贈りもの①　こんなふうに遊んでた！』玉川大学出版部　二〇〇八年
吉田敦彦『世界が変わる学び　ホリスティック／シュタイナー／オルタナティブ』ミネルヴァ書房　二〇二〇年
吉田新一『ピーターラビットの世界』日本エディタースクール出版部　一九九四年
米本浩二『評伝　石牟礼道子　渚に立つひと』新潮文庫　二〇二〇年
リア、リンダ編（古草秀子訳）『失われた森　レイチェル・カーソン遺稿集』集英社　二〇〇〇年
同（上遠恵子訳）『レイチェル　レイチェル・カーソン『沈黙の春』の生涯』東京書籍　二〇〇二年
レイン、マーガレット（猪熊葉子訳）『ビアトリクス・ポターの生涯』福音館書店　一九八六年

鵜野祐介（うの　ゆうすけ）

1961年岡山県生まれ。京都大学大学院教育学研究科博士後期課程修了。2004年英国エディンバラ大学にて「スコットランドと日本の伝承子守唄の比較研究」で博士号（Ph.D、人文学）取得。専門は伝承児童文学の教育人類学的研究。日本、韓国・中国、英国スコットランドを主なフィールドとして、子ども期の伝承文化（遊び・子守唄・わらべうた・民間説話など）や児童文学・児童文化が子どもの人格形成に及ぼす影響について研究。

鳥取女子短期大学、梅花女子大学を経て、現在、立命館大学文学部教授（教育人間学専攻）。アジア民間説話学会日本支部代表。また「うたとかたりのネットワーク」を主宰し、うたやかたりの実践・普及活動のネットワーク作りを進める。

主な著書に『生き生きごんぼ　わらべうたの教育人類学』（久山社 2000年）、『伝承児童文学と子どものコスモロジー　〈あわい〉との出会いと別れ』（昭和堂　2009年）、『子守唄の原像』（久山社　2009年）、『昔話の人間学　いのちとたましいの伝え方』（ナカニシヤ出版　2015年）、『ポスト三・一一の子どもと文化　いのち・伝承・レジリエンス』（加藤理との共編著、港の人　2015年）、『日中韓の昔話　共通話型30選』（みやび出版　2016年）、『子どもの替え唄と戦争―笠木透のラスト・メッセージ―』（子どもの文化研究所　2020年）他、訳書にノラ＆ウィリアム・モンゴメリー編『スコットランド民話集　世界の果ての井戸』（朝日出版社　2013年）。

子どもの文化ライブラリー　よりよく生きる　Vol. 2

# センス・オブ・ワンダーと
# いのちのレッスン

2020年12月7日初版発行

著　者　　鵜野祐介
企　画　　子どもの文化研究所
装　幀　　西田優子
発行者　　上野勇治
発　行　　港の人
神奈川県鎌倉市由比ガ浜3-11-49 〒248-0014
電話 0467-60-1374　ファックス 0467-60-1375
http://www.minatonohito.jp

印刷製本　創栄図書印刷

ISBN978-4-89629-384-5